rüffer & rub

Sachbücher zu Fragen,
die Antworten verdienen

Sozialfirmen

Plädoyer für eine unternehmerische Arbeitsintegration

Lynn Blattmann
Daniela Merz

rüffer & rub

Erste Auflage 2010

info@ruefferundrub.ch | www.ruefferundrub.ch

Photo Umschlag: www.123rf.com
Photos innen: Katalin Deér
Porträts der Autorinnen: Daniel Ammann, Ammann & Siebrecht Fotografen, St. Gallen

Druck und Bindung: CPI – Ebner & Spiegel, Ulm
Papier: Schleipen Werkdruck, bläulichweiß, 80 g/m², 1.75

ISBN 978-3-907625-48-4

Inhalt

Arbeit ist nicht Beschäftigung: Ein Blick zurück und einer nach vorn

Vorwort: Citoyens und Entrepreneurs

Manches, das später als Vision bezeichnet wird, beginnt unscheinbar. In St.Gallen etwa bestand vor zehn Jahren ein großer Bedarf an Arbeitsplätzen. »Arbeit statt Fürsorge« hieß ein Programm, das die Stadtbehörde für Langzeitarbeitslose lancierte. Auch schwer Suchtabhängige benötigten dringend geeignete Arbeit. Die stand aber nicht zur Verfügung. Die Perspektive, dass eine steigende Anzahl Menschen nicht mehr in der Lage sein würde, ihren Lebensunterhalt durch Arbeit zu verdienen, und von der Sozialhilfe abhängig sein würde, war stoßend und verlangte neue Lösungsansätze.

Das war Anlass für die Gründung der Stiftung für Arbeit, die zum Zweck hatte, Arbeitsplätze zu schaffen und Arbeit zu vergeben. Wir wussten, dass wir damit ein delikates Parkett betraten, auf dem Sozialarbeit, Verwaltung, Politik, Industrie und Gewerbe unterschiedliche Vorstellungen von Arbeits- und Sozialpolitik pflegten.

Der Start verlief harzig. Noch immer stand der Gedanke zu helfen vor jenem der Wertschöpfung. Die Leistungen konnten sich kaum messen mit jenen in Wirtschaft und Gewerbe. Die zuweilen mangelhafte Qualität der abgelieferten Arbeit diente nicht als Türöffner, sondern forderte Rechtfertigungen für das ganze Projekt. Hingegen bot die Stiftung für Arbeit innerhalb kürzester Zeit denjenigen Menschen eine Tagesstruktur, die sich nicht scheuten, Arbeit als Basis dafür anzunehmen.

Eine Prämisse verbindet die Stiftung der ersten Epoche mit ihrer Nachfolgerin, der heutigen Dock-Gruppe: das Menschenbild, das wir unserer Tätigkeit zugrunde legten – auch wenn wir damals eher von Klientinnen und Klienten sprachen und nicht von Arbeitnehmerinnen und Arbeitnehmern. Wir waren davon überzeugt, dass viele unserer Leute fähig sind, Leistungen zu erbringen, für die in Industrie und Gewerbe eine Nachfrage besteht. Diesen haben wir eine Chance und eine Struktur gegeben und ihnen unser Vertrauen geschenkt. Und sie haben es uns gedankt: Wir konnten bis heute an unserem Menschenbild festhalten.

In unserer Gesellschaft erfolgt Integration, also auch die Wiedereingliederung in den Ersten Arbeitsmarkt, über produktive Arbeit und nicht über Beschäftigung, die bloß einen Zeitvertreib darstellt. Langzeitarbeitslose Menschen brauchen Arbeit – Arbeit als Glied in der Wertschöpfungskette, die wir von Beginn weg anboten.

Ums Jahr 2000 wurde uns klar: Was wir tun, ist bei aller Leistung des damaligen Teams und der Beschäftigten zu ineffizient und hat keine Zukunft. Entweder bauen wir das Projekt zu einer Firma um – oder wir geben es auf. Das war die Weggabelung, an der wir Daniela Merz zur Geschäftsführerin ernannten. Ihr ist es gelungen, unserer zwar innovativen, aber etwas diffusen Vorstellung von dem, was heute »Sozialfirma« heißt, Konturen zu geben und ein leistungsfähiges Unternehmen mit mehreren produktiven Standorten aufzubauen.

Den wichtigsten Schritt taten wir alle aber erst, als wir uns definitiv nicht mehr als ein Programm verstanden, das ausgesteuerte Langzeitarbeitslose beschäftigt, sondern als Unternehmen, das nach kommerziellen Grundsätzen geführt wird und in dem besondere Arbeitnehmerinnen und Arbeitnehmer arbeiten – und unser Projekt fortan »Firma« nannten. Denn: Selbstverständnis hat auch mit Wortwahl zu tun.

Die Dock-Gruppe und die Stiftung für Arbeit, unter deren Dach die gegenwärtig vier Firmen zusammengefasst sind, stehen in diesem Buch im Zentrum. Das entspricht eigentlich nicht ihrem Naturell; doch die sozialpolitische Situation im In- und Ausland und die Diskussionen, die der Zweite Arbeitsmarkt auslöst, rechtfertigen für einmal das Scheinwerferlicht auf uns selbst. Wir sind der Meinung, dass unser Modell auch eine Chance für andere ist, wenn sie jene Regeln umsetzen, die wir entwickelt haben, die sich bewähren und die wir empfehlen.

Was uns wichtig ist, haben die Autorinnen Lynn Blattmann und Daniela Merz auf den folgenden Seiten zusammengetragen.

Mein Dank gilt allen aktiven und emeritierten Stiftungsräten, die nicht nur den Aufbau, sondern auch beide Phasen des Umbaus – vom Beschäftigungsprogramm zur Sozialfirma und später von der regional verankerten Sozialfirma zum nationalen Player – immer gutgeheißen und mitgetragen haben. Ihre Zustimmung zu jedem Entwicklungsschritt war unerlässliche Voraussetzung für die Entstehung und den Erfolg der Dock-Gruppe, und ich habe sie nie für selbstverständlich gehalten.

Sehr herzlich danke ich Daniela Merz. Mit schier unerschöpflicher Energie und Kreativität, Freude und Lust hat sie mit ihrem Team eine in jeder Hinsicht hoch leistungsfähige und anerkannte Firmengruppe geschaffen, die bereits rund 700 Personen beschäftigt und einen weiteren Ausbau ins Auge fasst. Ohne Daniela Merz und unser Leitungsteam stünden wir niemals da, wo wir heute stehen. Euch allen ein Dankeschön!

Lynn Blattmann ist 2006 zu uns gestoßen und hat sich als Mitglied der Unternehmensführung intensiv mit der Idee der Sozialfirma auseinandergesetzt. In verdankenswerter Weise arbeitete sie neben ihren Aufgaben im Firmenalltag mit großem Einsatz an der Publikation dieses Buches.

Weiter gilt mein Dank allen Partnern auf Ämtern, in Unternehmungen, an gesellschaftlichen Schnittstellen und in der Politik, die unserem Tun immer wieder viel Goodwill entgegenbringen und uns zahlreiche Aufträge verschaffen.

Und schließlich ein großes Dankeschön an alle Arbeitnehmerinnen und Arbeitnehmer, die wir im Laufe der Jahre bei uns beschäftigt haben. Letztlich sind sie die Dock-Gruppe! Mit ihrer Leistung haben sie maßgeblich dazu beitragen, dass wir über eine gut funktionierende und leistungsfähige Firmengruppe verfügen, die für die Wirtschaft arbeitet und von ihr geachtet wird.

Citoyens und Entrepreneurs: Was Sie auf den folgenden Seiten lesen werden, ist eine spannende und faszinierende Geschichte aus Betriebswirtschaft und Sozialpolitik, aus Unternehmertum und gesellschaftlicher Verantwortung, kurz: eine Erfolgsgeschichte.

Auf die wir ein bisschen stolz sind.

Jürg Bachmann
Präsident der Stiftung für Arbeit und der Dock-Gruppe

St.Gallen/Zürich, 31. August 2009

Marktwirtschaftlich geführte Sozialfirmen als Chance

Langzeitarbeitslosigkeit ist in der Schweiz ein relativ neues Phänomen. Ein Blick über die Landesgrenzen hinaus zeigt, dass sie andernorts eine längere Geschichte hat. In unseren Nachbarländern ist schon viel ausprobiert worden, um die Folgen langer Arbeitslosigkeit zu mildern. Unzählige Initiativen und Institutionen bieten Tagesstrukturen, Beschäftigung und Qualifikationen an. In Deutschland hat sich im Laufe der letzten Jahrzehnte eine eigentliche »Armutsindustrie« entwickelt, die jährlich sieben Milliarden Euro umsetzt. Auch in der Schweiz wird im Bereich der Arbeitsintegration viel Geld investiert, dennoch stehen heute zahlreiche Modelle und Initiativen unter massivem Spardruck und politischem Rechtfertigungszwang. Sie kämpfen ebenso gegen Resignation wie gegen schwierige, ausgeklügelte Regelungen, die ihnen kaum unternehmerische Freiheit lassen. Generell ist in diesem Bereich heute wenig Innovation zu spüren.

In der Schweiz ist die Situation in der Bekämpfung der Sockelarbeitslosigkeit heute offener und weniger klar. Arbeitslosigkeit war während Jahrzehnten ein Problem, das in Rezessionszeiten auftrat und danach wieder verschwand. Auch in der Sozialhilfe, die der Arbeitslosenversicherung nachgelagert ist, stiegen die Fallzahlen langsam und bis vor wenigen Jahren nur vorübergehend an; einer Periode von vermehrten Anträgen für finanzielle Unterstützung durch die Sozialhilfe folgte in der Regel ein Rückgang derselben. So konnte sich keine langfristige Arbeitslosigkeit verfestigen, das System blieb durchlässig. Wer in guter Konjunkturlage wieder eine Stelle finden wollte, fand auch eine. Für viele unbemerkt, änderte sich dieser Zustand in der Schweiz in den 1990er Jahren. Nach einer konjunkturell starken Phase sanken ab 2007 die Sozialhilfezahlen vorübergehend. Heute leben in einzelnen Städten über 6% der Bevölkerung von Sozialhilfe.[1] Angesichts der aktuellen Wirtschaftskrise und der stark abgeschwächten Konjunktur ist mit einem erneuten Anstieg der Fallzahlen zu rechnen.

In der Schweiz stellt sich jetzt die Frage, wie wir als Sozialstaat und als Bürgerinnen und Bürger dieser Entwicklung begegnen wollen. Wir müssen uns entscheiden, was wir als Mitglied einer Kommune, einer Sozialversicherung, eines Kantons, des Bundes oder als Einzelpersonen gegen die Gefahr unternehmen, dass sich die Strukturen derart verfestigen, dass Langzeitarbeitslosigkeit zu einem dauerhaften Ausschluss aus der Arbeitswelt führt. Die wirtschaftliche Entwicklung des Landes kann schlecht beeinflusst werden. Aber es ist möglich, die sozialen Sicherungssysteme durchlässiger zu machen und die Übergänge zwischen finanzieller Unterstützung und selbständiger Existenzsicherung für die Langzeitarbeitslosen einfacher zu gestalten; außerdem können Arbeitsplätze geschaffen werden für Menschen, die arbeiten wollen, aber keine Stelle finden.

Die Stiftung für Arbeit St. Gallen hat sich aus unterschiedlichen Gründen für den sozialunternehmerischen Weg begeistert. Nicht, weil ihr der Glaube daran fehlt, dass auch von anderer Seite gute Lösungen gefunden werden können, sondern weil der unternehmerische Ansatz gerade im Bereich der Langzeitarbeitslosigkeit viele neue Perspektiven eröffnet.

Langzeitarbeitslosigkeit verlangt nach anderen Modellen in der Arbeitsintegration als der Bereich der Invaliden oder

Schwerbehinderten, wie diese Zielgruppe in Deutschland genannt wird. Während bei den meisten Behinderten die Beschäftigung im Vordergrund steht, ist im Zusammenhang mit Langzeitarbeitslosen die Reintegration in die freie Wirtschaft immer oberstes soziales Ziel. Arbeitsintegrationsmaßnahmen müssen also eine optimale Vorbereitung und ein Training im Hinblick auf eine reguläre Stelle in der freien Wirtschaft bieten. Angesichts der sich verfestigenden Sockelarbeitslosigkeit darf jedoch die Tatsache nicht vergessen werden, dass es in absehbarer Zeit nicht allen gelingen wird, wieder eine reguläre Stelle zu finden. Arbeitsintegration bedeutet deshalb nicht in jedem Fall eine Reintegration in die freie Wirtschaft; für viele muss sie auch so ausgestaltet werden, dass eine längerfristige Reintegration in die Arbeit möglich ist, auch wenn diese in einem teilsubventionierten Integrationsunternehmen stattfindet. Aus diesem Grund ist es wichtig, dass die Arbeitsintegration nicht befristet ist und ein Arbeitsumfeld geschaffen werden kann, das zwar im Zweiten, also subventionierten Arbeitsmarkt angesiedelt ist, sich aber formal nicht von einer Stelle in der freien Wirtschaft unterscheidet. Es braucht also Unternehmen, die marktwirtschaftlich ausgerichtet sind und eine langfristige arbeitgeberische Verantwortung für die langzeitarbeitslose Belegschaft übernehmen können. Dies setzt reelle Kunden und Aufträge voraus. Reine Beschäftigung oder die Herstellung von Produkten, für die es keinen Markt gibt, erachten wir als demotivierend und entwürdigend.

Arbeit, die gebraucht wird, und ein leistungsgerechter Lohn sind wichtige Voraussetzungen für die Stärkung der Eigeninitiative. Diese soll auch der Kernpunkt einer Sozialfirma sein, wie wir sie propagieren. Genau genommen bieten Sozialfirmen schlicht Chancen für diejenigen, die sich aus eigener Kraft buchstäblich wieder aus ihrer Langzeitarbeitslosigkeit herausarbeiten wollen, und sie stellt sinnvolle langfristige Arbeitsplätze zur Verfügung, in denen auch leistungsbeeinträchtigte Arbeitnehmende einer befriedigenden Erwerbstätigkeit nachgehen können, die ihren Fähigkeiten angepasst ist. Die Verwirklichung dieser Vision erfordert Sozialunternehmerinnen und Sozialunternehmer, die den Mut haben, ihre Fähigkeiten, ihre Kraft und vielleicht auch ihre finanziellen Mittel in eine Firma zu investieren, die mit einer langzeitarbeitslosen produktiven Belegschaft am Markt operiert und Kundenaufträge erfüllt. Sie setzt Unternehmerinnen und Unternehmer voraus, die bereit sind, sich den Einschränkungen und dem Konkurrenzverbot der freien Wirtschaft zu unterwerfen, und die gleichzeitig immer wieder neue Regeln aushandeln für ein ergänzendes Nebeneinander von freier Wirtschaft und Sozialfirmen, die für die Erfüllung ihrer sozialen Aufgabe Zuschüsse bekommen. Es braucht aber auch Institutionen und Kommunen, die gewillt sind, die gesetzlichen Voraussetzungen und Vorschriften so zu gestalten, dass sozialunternehmerisches Handeln möglich ist und dass Arbeitsplätze geschaffen werden können, mittels derer die langzeitarbeitslose Belegschaft aus eigener Kraft wieder zu einer teilweise oder ganz existenzsichernden Beschäftigung zurückfinden kann.

Ein Sozialstaat, der seinem Namen gerecht werden will, soll es Sozialunternehmerinnen und Sozialunternehmern ermöglichen, Firmen aufzubauen, die Arbeitsplätze für langzeitarbeitslose Menschen schaffen. In diesen Unternehmen sollen Perspektiven entwickelt werden im Hinblick auf einen Wiedereinstieg in ein selbstbestimmtes Leben, in dem so viele Mittel wie möglich durch eigene Arbeit erwirtschaftet werden können. Sozialfirmen, die in privater und nicht öffentlich-rechtlicher Organisation mit unternehmerischen, marktwirtschaftlichen Mitteln am Markt operieren, sind ideale Institutionen für die Umsetzung dieser Idee.

Neue Maßnahmen für den Umgang mit Arbeitslosigkeit und ein Abbau alter ideologischer Vorstellungen sind dringend notwendig. Dabei geht es vor allem um zwei Dinge: Wir müssen die Grenzen zwischen der freien Wirtschaft und den Arbeitsintegrationsfirmen aufweichen, und es müssen neue Formen der

Zusammenarbeit aller Beteiligten gefunden werden. Sinnvollerweise sollen bei der Ausarbeitung der neuen Regelungen auch die Gewerkschaften mit einbezogen werden. In Deutschland sitzen die Arbeitgeber, die Arbeitnehmerorganisationen und der Staat in der Bundesanstalt für Arbeit schon zusammen an einem Tisch, in der Schweiz haben sich dieselben Akteure in tripartiten Kommissionen zusammengefunden, die in Kooperation mit den lokalen Sozialfirmen vor Ort Regeln festlegen und diese bei Bedarf anpassen.

Sozialfirmen brauchen andere Regelungen als die freie Wirtschaft, und sie benötigen Vorschriften, die den örtlichen und wirtschaftlichen Umständen entsprechen. Es ist richtig, dass sie und ihr Tun besonders kritisch beobachtet werden, denn sie beschäftigen die schwächsten Mitglieder der Gesellschaft, nämlich diejenigen, die nicht wählen können, ob sie eine Arbeit machen möchten oder nicht. Heute ist es jedoch so, dass nicht so sehr die Haltung und der Umgang mit den Langzeitarbeitslosen prüfend unter die Lupe genommen werden, im Vordergrund der Diskussion stehen rigorose Einschränkungen und Konkurrenzverbote. Es lohnt sich sicher, diese Fragen von Zeit zu Zeit neu zu überdenken und in Einzelfällen besondere Absprachen zu treffen. Allzu eng gefasste Konkurrenzverbote sind je nach Konjunkturlage und ökonomischem Umfeld jedoch wenig sinnvoll. Gerade in wirtschaftlich schwierigen Zeiten können Sozialfirmen der freien Wirtschaft sogar unter die Arme greifen, wenn ihnen erlaubt wird, für ihre Arbeit weniger zu verlangen und leistungsangepasste Löhne zu bezahlen, auch wenn diese unter den Tariflöhnen liegen. Auch in diesem Zusammenhang gilt: Es gibt nicht eine Regelung für alles. Es lohnt sich, Einzelfälle zu prüfen und gemeinsam und pragmatisch nach neuen Wegen und Lösungen zu suchen.

Große Marktchancen für Sozialfirmen liegen im industriellen Bereich. Dort können auch nationalökonomische Überlegungen zu neuen Wegen führen. Wenn Sozialfirmen für die lokale Industrie ausgelagerte manuelle Arbeitsschritte ins Land zurückholen können, werden damit nicht nur die Wege verkürzt und mehr Leute im eigenen Land beschäftigt, auch die lokale Industrie wird gestärkt und flexibler. Dies ist jedoch nur möglich, wenn Sozialfirmen zu denselben Kosten arbeiten wie ausländische Anbieter. Deshalb muss ihnen erlaubt werden, leistungsangepasste Löhne für Teilleistungsfähige zu bezahlen. Dies kann von tripartiten Kommissionen ebenfalls überprüft werden. Solange die Löhne nicht existenzsichernd sind und unter den Ansätzen der Schweizer Sozialhilfe beziehungsweise dem deutschen Arbeitslosengeld II liegen, sollen sie aus diesen Kassen flexibel aufgestockt werden können. Wenn Arbeiten durch vollleistungsfähige Arbeitnehmende ausgeführt werden, sollen dafür Löhne bezahlt werden, die ungefähr denjenigen einer vergleichbaren Tätigkeit in der freien Wirtschaft entsprechen, auch wenn damit eine Ablösung von der Sozialhilfe verbunden ist. Sozialfirmen sind unternehmerisch tätig, weil sie die Grenzen zwischen den Stellenbesitzenden und den Stellenlosen durchlässiger gestalten wollen. Dies muss sich auch in der Lohngestaltung zeigen.

Die Einkommenssituation in den Industrieländern hat sich generell auseinanderentwickelt; während Einzelne viel mehr verdienen, gibt es eine wachsende Gruppe von Menschen, deren Einkommen auf lange Zeit auf dem Niveau des Zweiten Buches des Sozialgesetzbuches beziehungsweise in der Schweiz der individuell errechneten Sozialhilfe festgesetzt bleibt. Sozialfirmen sollen hier eine Brücke schlagen im Hinblick auf ein finanziell eigenständiges Leben. Wer in einer Sozialfirma arbeitet, ist ein »Working Poor«, wie Arme genannt werden, deren Arbeitseinkommen nicht zur Existenzsicherung reicht. Die Lohnausgestaltung soll aber derart sein, dass eine vollleistungsfähige und Vollzeit arbeitende Person auch in einer Sozialfirma so viel verdienen kann wie ein Arbeitnehmender in einem vergleichbaren Betrieb der freien Wirtschaft. Dies bedeutet, dass eine Sozialfirma die Möglichkeit bieten soll, dass jemand bei voller Leistungsfähigkeit von einem »Working Poor« zu einem Normalverdiener werden kann. Gerade in schlechten Konjunkturlagen gibt es viele Langzeitarbeitslose, die wieder ihre volle Leistungsfähigkeit erlangen können. Weil mit dem Eintritt der Langzeitarbeitslosigkeit meistens auch ein deutlicher Rückgang der Leistungsfähigkeit verbunden ist, muss die Sozialfirma die Chance bieten, das Leistungspotential wiederaufzubauen. Um dieses Ziel zu erreichen, muss es den Sozialfirmen möglich sein, für nicht vollleistungsfähige Arbeitnehmende leistungsangepasste Löhne zu bezahlen, die unter den Tariflöhnen liegen. Gleichzeitig müssen sie sich verpflichten, Perspektiven und Aufstiegsmöglichkeiten zu bieten, bis hin zu einer finanziellen Selbständigkeit. Sozialfirmen sind für dieses Unterfangen besser geeignet als Betriebe der freien Wirtschaft, da sie durch die Geldgeber und die Gewerkschaften einfacher kontrolliert werden können.

2009 leben in Deutschland knapp unter einer Million Langzeitarbeitslose[2], 2007 lebten in der Schweiz 233 484 Personen oder 3,1% der Gesamtbevölkerung von Sozialhilfe.[3] Wenn wir davon ausgehen, dass mindestens ein Drittel dieser Personen arbeitsfähig ist, können wir erahnen, wie groß das Potential für Sozialfirmen ist. Dieses erstreckt sich sogar über die Gruppe der Sozialhilfeempfangenden hinaus: Die Idee könnte mit einigen gesetzlichen Anpassungen auch für Arbeitslose, die noch unter den Versicherungsschutz der Arbeitslosenkasse fallen, angewendet werden; ebenso besteht im Bereich der Invalidenversicherung ein Interesse an Lösungsmöglichkeiten, die einen besseren Anschluss an die freie Wirtschaft möglich machen.

Wir haben das vorliegende Buch geschrieben für angehende Sozialunternehmerinnen und Sozialunternehmer, die planen, eine Sozialfirma zu gründen oder einen bestehenden Betrieb in eine solche umzuwandeln; sie finden hier Informationen und Überlegungen, die ihnen das Anpacken dieser Aufgabe erleichtern. Das Buch richtet sich aber auch an die Verantwortlichen auf der Seite der Kommunen und Institutionen, die die Arbeitsintegration heute finanzieren. Darüber hinaus sollen unsere Überlegungen für Managementverantwortliche der freien Wirtschaft interessant sein, denn das Potential an Ideen für neue, einander ergänzende und befruchtende Formen der Zusammenarbeit zwischen der freien Wirtschaft und Betrieben des Zweiten Arbeitsmarktes ist bei Weitem noch nicht ausgeschöpft.

Arbeitsintegration – eine unternehmerische Herausforderung

Job, Geld, Leben – nichts ist mehr sicher

Erwerbsarbeit ist ein zentrales sinnstiftendes Element in unserem Leben. Eine reguläre Stelle zu haben ist eine unverzichtbare Voraussetzung für die gesellschaftliche Teilhabe. Ein Arbeitsplatz hat nicht nur eine existenzsichernde Funktion, Arbeit zu haben bedeutet auch, eine Aufgabe zu haben, gebraucht zu werden und einen Beitrag zu einem größeren Ganzen zu leisten. Die meisten Menschen finden Sinn in ihrer Arbeit und leiten ihre persönliche Identität maßgeblich von ihrer Erwerbsarbeit ab. In unserer Gesellschaft kommt der Erwerbsarbeit ein besonders hoher Stellenwert zu, unbezahlte Familien- oder Erziehungsarbeit oder andere unbezahlte Beschäftigungsformen genießen ein weitaus geringeres gesellschaftliches Ansehen. Vollbeschäftigung gilt immer noch vielerorts als erstrangiges sozialpolitisches Ziel. Am Glauben an den zentralen Stellenwert der bezahlten Arbeit haben auch große Wellen der Arbeitslosigkeit nichts geändert. Schlagworte wie »Vollbeschäftigung als oberstes Ziel« prägen die europäische Wirtschafts- und Sozialpolitik nach wie vor. So wurde im deutschen Wahlkampf 2009 die Vollbeschäftigung von links bis rechts als »nicht unrealistisches Ziel« bezeichnet, und auch die Schweiz richtet ihre Sozialpolitik immer noch am Ideal der Vollbeschäftigung aus. Diese Vorstellung mag zwar heute noch leitend sein für die Sozial- und Wirtschaftspolitik der EU und vieler europäischer Landesregierungen, dennoch verkennt er die aktuellen Entwicklungen. Vollbeschäftigung ist für die meisten Länder zu einer Utopie geworden.

Es sind nicht nur die konjunkturellen Schwankungen, die das Ziel einer Vollbeschäftigung als utopisch erscheinen lassen. Die Produktionsverschiebungen im Zusammenhang mit der Globalisierung haben dazu geführt, dass fast alle europäischen Länder heute eine gewisse Sockelarbeitslosigkeit aufweisen, die auch während konjunktureller Hochs nicht abgebaut werden kann. Ganze Bevölkerungsgruppen (unter anderem ältere Langzeitarbeitslose, Unqualifizierte und Menschen mit nicht konstanter Leistungsfähigkeit) haben heute kaum noch Chancen, wieder in den Erwerbsprozess im Ersten Arbeitsmarkt[4], also in die freie Wirtschaft, aufgenommen zu werden. Dies hat nur zum einen mit der Produktionsverlagerung zu tun, die auch in Hochkonjunkturzeiten viele ungelernte Hilfskräfte arbeitslos macht. Zwei weitere Gründe sind viel gewichtiger: Erstens der Technologieschub der letzten Jahre, der dazu geführt hat, dass die fachlichen Anforderungen an die Arbeitnehmer deutlich gestiegen sind. Es gibt markant weniger Stellen für ungelernte Arbeitskräfte als noch vor einigen Jahren, und selbst von Hilfskräften werden immer häufiger auch Computerkenntnisse gefordert. Als zweiter Grund ist der deutlich erhöhte Druck am Arbeitsplatz zu nennen. In den letzten 15 Jahren haben unzählige Reorganisationen stattgefunden, im Zuge derer jede einzelne Stelle unter dem Blickwinkel der Rentabilität beurteilt wurde. Durch diese Umstrukturierungen, denen in den letzten Jahren nicht nur große Unternehmen, sondern auch die Verwaltung und nicht profitorientierte Unternehmen ausgesetzt waren, sind unzählige Nischenarbeitsplätze[5] als nicht rentabel eingeschätzt worden und somit verschwunden. Wer die gestiegenen Leistungsanforderungen nicht mehr erfüllen konnte, verlor seine Stelle und hatte in der Regel große Mühe, wieder eine Beschäftigung zu finden.

Heute sind jedoch nicht nur die Arbeitsplätze von Schlechtqualifizierten bedroht. Gewissermaßen im Schatten der sozialpolitischen Hoffnung auf Vollbeschäftigung haben sich prekäre Arbeitsbedingungen verbreitet. So kennen paradoxerweise auch Länder mit einem vergleichsweise guten Arbeitnehmerschutz die Problematik der wachsenden Zahl von sozial schlecht abgesicherten Arbeitsplätzen. Dazu gehören die Leiharbeit sowie andere befristete Stellen oder die sogenannten Minijobs[6]. In Deutschland beispielsweise beruhte das Jobwunder der letzten 15 Jahre hauptsächlich auf diesem Phänomen. In vielen europäischen Ländern ist eine Art Einkapselung der sozial abgesicherten Angestellten festzustellen, während rundherum die Anzahl der sozial schlecht abgesicherten Stellen, die flexibel auf- und abgebaut werden, massiv ansteigt. Nur noch knapp 70% aller deutschen Arbeitnehmenden arbeiten in unbefristeten Arbeitsverhältnissen.[7]

Prekäre Arbeitsverhältnisse gehören heute in vielen Ländern auch für junge Hochschulabsolventen zum Normalfall. In Deutschland, Italien, Österreich und Frankreich hat sich in den letzten Jahren eine eigentliche »Generation Praktikum« herausgebildet, also ein ganzes Heer von jungen Leuten, die sich nach der Hochschulausbildung von einer befristeten und schlechtbezahlten Praktikumsstelle zur nächsten hangeln, in der Hoffnung auf einen definitiven Einstieg in die Berufswelt. Auch gegenüber jungen Ausbildungsabsolventinnen und -absolventen zeichnet sich eine Abschottung der Stellenbesitzenden ab; besonders die Freien Berufe haben Regelungen geschaffen, die junge Leute in lange, schlechtbezahlte Praktikumsphasen zwingen, um die etablierten Freiberufler vor der jungen, frischausgebildeten Konkurrenz zu schützen.

Obschon der Begriff »Prekariat« zur Bezeichnung von sozial schlecht abgesicherten Arbeitenden erst seit einigen Jahren zum Wortschatz der Wissenschaft und der Medien gehört, gab es immer schon prekäre Arbeitsverhältnisse. Allerdings waren diese meist an den unteren Rändern der Gesellschaft zu finden, in der ungelernten Unterschicht, dem Taglohnproletariat. Heute sind diese Ränder überall, selbst die Zugehörigkeit zur Mittel- oder Oberschicht schützt nicht mehr vor unstabilen Arbeitssituationen.

Dieser Umstand hat Auswirkungen von großer volkswirtschaftlicher Tragweite, denn unsere Sozialversicherungssysteme fußen auf der Vorstellung einer relativ stabilen Wirtschaft, in der jeder seinen mehr oder weniger sicheren Platz hat. Die Arbeitgeber haben zwischen den 1880er und 1980er Jahren große Anstrengungen unternommen, um die Beschäftigung zu stabilisieren, und sie waren in diesem Bestreben so erfolgreich, dass wir erst wieder lernen müssen, dass die relative Stabilität in der Zeit des Nachkriegswirtschaftswunders die Ausnahme und nicht die Regel war. Ungeachtet dieser Tatsache wurden die sozialen Sicherungssysteme in der sozialen Marktwirtschaft auf stabile Wirtschaftsmodelle hin ausgelegt. In den letzten 30 Jahren ist diese Stabilität jedoch so stark erodiert, dass die Vorstellung, das Leben und die berufliche Karriere planen zu können, für breite Bevölkerungskreise ins Wanken geraten ist. Die Idee einer lebenslangen Anstellung im selben Betrieb – für die Generation unserer Väter noch eine Selbstverständlichkeit – ist in den Hintergrund getreten, Laufbahnen ohne Brüche und Lücken werden seltener. Die Sozialversicherungssysteme versuchen hier aufzufangen, was möglich ist. Sie stoßen jedoch an ihre finanziellen Grenzen, da sie auf stabile Wirtschaftssysteme mit kurzfristigen Ausfällen ausgerichtet sind. Langfristige Abkoppelungen von ganzen Bevölkerungsschichten vom Arbeitsmarkt können sie finanziell nicht verkraften. Hinzu kommt, dass die einzelnen Sicherungssysteme kaum miteinander vernetzt sind; dadurch entstehen kostspielige Paralleladministrationen, die rasche zielorientierte Maßnahmen erschweren.

Vor dem Umstand massenhafter und langfristiger Arbeitslosigkeit müssen die sozialen Sicherungssysteme, wie wir sie heute kennen, kapitulieren. Seit einigen Jahren sind in ganz Europa Bestrebungen im Gang, die Leistungen der Sozialversicherungssysteme zu reduzieren, die finanziellen Absicherungen im Falle längerer Arbeitslosigkeit zu senken und die Unterstützungszeiträume kürzer zu gestalten, um damit Kosten zu sparen.

In der Schweiz ist diese Entwicklung erst im Ansatz spürbar. Hierzulande kennt man die in Deutschland zu beobachtende Entwicklung der Einkapselung der sozial sehr gut abgesicherten Arbeitsplätze in einem Meer von kaum abgesicherter Arbeit weniger. Der Kündigungsschutz ist auch für Tariflohnbeschäftigte (Beschäftigte, die unter einem Gesamtarbeitsvertrag stehen) deutlich schwächer ausgebaut als in Deutschland, Beschäftigungsgarantien sind wenig verbreitet. Wer eine Stelle hat, kann diese auch wieder verlieren. Selbst Anstellungen im öffentlichen Dienst sind beidseitig kündbar, Beamtenstellen auf Lebenszeit gibt es nicht mehr. Die Kündigungsfrist beträgt in der Regel zwei bis sechs Monate. Die Schweiz kennt weniger soziale Absicherung zum Erhalt eines Arbeitsplatzes als Deutschland, zudem ist das Gefälle der sozialen Sicherung zwischen den verschiedenen Anstellungsformen deutlich geringer.

Die Gründe für diesen markanten Unterschied liegen in der Geschichte. Während die Schweiz seit dem Zweiten Weltkrieg vergleichsweise wenig mit Beschäftigungseinbrüchen zu kämpfen hatte und immer wieder lange Perioden der Vollbeschäftigung kannte, war Deutschland mit massiven Arbeitslosenwellen konfrontiert. Drohende Arbeitslosigkeit war viel bestimmender für die deutsche Sozialpolitik als für die schweizerische: Die 70er Jahre des letzten Jahrhunderts brachten den ersten markanten Einbruch in der Folge der Ölkrise. Es folgten die konjunkturell eher schwachen 80er Jahre und ab den 90er Jahren die Vereinigung der beiden deutschen Staaten. Während die sozialistische Wirtschaft in der ehemaligen DDR fast gänzlich zusammenbrach, blieb die ostdeutsche Arbeitskultur deutlich länger bestehen. In der DDR gab es 40 Jahre lang eine staatlich gelenkte Vollbeschäftigung. Nach dem Zusammenbruch des Staates erfolgte ein abrupter Wechsel in die westliche Leistungsgesellschaft mit hoher Arbeitslosigkeit. Im wiedervereinigten Deutschland trafen also zwei völlig unterschiedliche Kulturen aufeinander. Die Regierung war jedoch entschlossen, an den sozialen Errungenschaften der BRD grundsätzlich festzuhalten. Sie hatte sich nicht nur für eine Währungs- und Wirtschaftsunion entschieden, sondern auch für eine Sozialunion. Dies, obwohl damals schon abzusehen war, dass dieser Entscheid die sozialen Sicherungssysteme überlasten würde. Allerdings folgten rasch Leistungskürzungen, um die Kosten in den Griff zu bekommen.

In Deutschland hat sich eine soziale Absicherung der Arbeit erhalten, die sehr ungleichmäßig erodiert ist; unkündbare Lebensstellen und Beschäftigungsgarantien charakterisieren das System ebenso wie Minijobs, Ein-Euro-Jobs, Zeit- und Leiharbeit. Für die Gewerkschaften bilden unkündbare Lebensstellen und Beschäftigungsgarantien immer noch wichtige Ziele ihrer Politik, während die Entwicklung und auch die Chancen für mehr Durchlässigkeit und Perspektiven in der Erwerbsarbeit ganz woanders liegen. 2006 wandte Deutschland etwa ein Drittel seines Bruttoinlandproduktes für Sozialleistungen auf, und die Ausgaben sind in den letzten Jahren trotz aller Reformen und Sparbemühungen markant gestiegen.[8]

Seit dem Ersten Weltkrieg sind in Europa die Sozialstaaten stark auf- und ausgebaut worden. Strukturelle Risiken der Armut wurden mit Sozialleistungen abgefedert; so wurden beispielsweise in den meisten europäischen Staaten für Alter, Arbeitslosigkeit, Krankheit, Unfall und Invalidität staatliche Absicherungen geschaffen, die sich bislang als recht tragfähig erwiesen haben. Gut ausgebaute Wohlfahrts- und Sozialleistungen und ein vergleichsweise tiefes Einkommensgefälle zwischen Arm und Reich sind seither zum wichtigsten Merkmal der europäischen Länder geworden. Dies mag uns Europäerinnen und Europäern nicht immer als Vorteil erscheinen, denn die hohen Sozialleistungen, die mit hohen Sozialabgaben auf den Löhnen verbunden wurden, sind in den letzten Jahren oft verantwortlich gemacht worden für Firmenschließungen und Produktionsverlagerungen nach Osteuropa oder Asien, wo sowohl Lohnnebenkosten als auch Steuern deutlich tiefer liegen. Der Ruf nach mehr Deregulierung wurde lauter, und es schien, als ob die sozialen Abfederungen der Marktwirtschaft schuld wären an den globalisierungsbedingten Verschiebungen. Dabei ist der Umstand in Vergessenheit geraten, dass das europäische Modell der Sozialversicherungssysteme zwar bei Weitem nicht optimal ist, die soziale Absicherung jedoch eine Stärke Europas darstellt, an der es anzuknüpfen gilt. Soziale Sicherungssysteme sind nie perfekt. Sie müssen laufend den wechselnden gesellschaftlichen Gegebenheiten angepasst werden; und es ist wichtig, sie so auszugestalten, dass für Menschen, die an den Rand gedrängt werden, wieder Möglichkeiten und Handlungsperspektiven entstehen. Denn: Undurchlässige Systeme und starre Abgrenzungen zwischen Stellenbesitzenden und Arbeitslosen bergen nicht nur ein enormes politisches Konfliktpotential, sie blockieren auch die Innovationskraft und die Lebendigkeit einer Gesellschaft.

Die Schweiz wird von der aktuellen Wirtschaftskrise in Folge der Subprime Crisis in den USA nach einer Phase mit einer Arbeitslosigkeit von unter 2% getroffen. Die Krise erschüttert auf der Arbeits- und Wohlstandsinsel Schweiz nicht nur den Konsumgütersektor, sondern trifft den bisherigen Kern der Prosperität, den Finanzdienstleistungssektor, empfindlich. Es zeigt sich, dass auch Stellen in der scheinbar so sicheren und bislang hochangesehenen Bankenwelt, die vorzügliche Karrieremöglichkeiten und höchste Löhne bot, plötzlich bedroht sind. Das Prekariat in Form einer ungewissen Arbeitsstelle ist auch in der Schweiz angekommen; Manager, Banken- und Versicherungsangestellte sind davon ebenso betroffen wie Hilfsarbeiter, Langzeiterwerbslose, Bauhandwerker oder allein erziehende Mütter. Es sieht so aus, als ob die Einkommenssicherung durch Vollbeschäftigung auch in der Schweiz, die tatsächlich Jahrzehnte der Vollbeschäftigung kannte, in Zukunft vollends aus dem Bereich des Möglichen fällt.

Diese Entwicklung verunsichert auch die politisch Verantwortlichen: Es ist viel Ratlosigkeit und Aktivismus im Bereich der Arbeitsmarktpolitik zu spüren. Die Aufgeregtheit vermag jedoch nicht darüber hinwegzutäuschen, dass es wenige zukunftstaugliche Modelle für die Arbeitsintegration gibt. Mehr vom Gleichen ist zu teuer und die Integrationswirkung des bisherigen Modellcocktails ist umstritten. Verschiedene Untersuchungen in Deutschland und in der Schweiz belegen, dass gutausgebildete jüngere Arbeitslose recht gute Chancen haben, wieder eine Stelle zu finden. Schwieriger ist die Situation für die Gruppe der kaum beruflich qualifizierten und der älteren Arbeitnehmer. Berufliche Qualifikation kann nur sehr schlecht nachgeholt werden; auch sehr teure Umschulungsprogramme oder Praktika zeigen oft nicht die gewünschte Wirkung.

Vor diesem Hintergrund stellt sich die Frage, welche Rolle der Staat in der Arbeitsintegration spielen soll. Während linke und gewerkschaftliche Kreise in Deutschland Sozialpolitik in Form einer klassenkämpferischen Anspruchshaltung betreiben, die sich an der Idee eines grundsätzlich einklagbaren Rechts auf Arbeit beziehungsweise auf einen Arbeitsplatz orientiert, greifen konservative und liberale Politiker zu Begriffen wie mehr Eigenverantwortung, Anreizsysteme und Leistungsförderung. In der Schweiz werden die linken Positionen etwas weniger heftig vertreten, der Ton ist versöhnlicher, und Themen wie Arbeitsplatzgarantien und Kündigungsschutz werden nicht so vordringlich diskutiert wie in Deutschland. Dennoch wird auch in der schweizerischen Sozialpolitik versucht, mit den sozial- und wirtschaftspolitischen Konzepten des 20. Jahrhunderts politische Lösungen für das 21. Jahrhundert zu finden. Dies hat immer wieder zu unbefriedigenden politischen Entscheidungen geführt. So wurden etwa die Leistungen der Arbeitslosenversicherung etwas reduziert, oder die Verpflichtung, Beschäftigungsmaßnahmen für Sozialhilfebeziehende zu schaffen, in schweizweit gültige Richtlinien eingeschrieben. Diese Maßnahmen können jedoch nicht darüber hinwegtäuschen, dass keine nachhaltigen Lösungen in Sicht sind für die anstehenden sozialpolitischen Probleme, die sich darin zeigen, dass alle Sozialversicherungen mit Überlastungen zu kämpfen haben, die ihre Finanzierung schon mittelfristig in Frage stellen.

Eines steht fest: Wir können uns den Sozialstaat, wie er im 20. Jahrhundert angedacht war, nicht mehr länger leisten. Es stellt sich daher die drängende Frage, was für einen Sozialstaat wir in Zukunft wollen, welche Rolle die Bürger in diesem Sozialstaat spielen sollen, wie die Aufgaben zwischen den leistungsfähigeren und leistungsschwächeren Mitgliedern der Gesellschaft verteilt werden sollen und was mit der wachsenden Zahl von Menschen geschieht, die ihren Lebensunterhalt nicht mehr durch eigene Arbeit in der freien Wirtschaft verdienen können, weil sie wahrscheinlich keine Stelle mehr finden.

Die Schere: Vermehrung der arbeitsfreien Einkommensquellen für die einen, nichts als prekäre Arbeit für die anderen

In allen EU-Ländern, wie auch in der Schweiz, sind die sozialen Sicherungssysteme immer noch eng an die Erwerbsarbeit geknüpft. Dies ungeachtet der Tatsache, dass eine steigende Zahl von Menschen in den letzten Jahren andere Einkommensquellen erschlossen hat. Diese kennen keine Sozialabgaben, oft sind sie sogar steuerfrei, denn die Chance wurde verpasst, die sozialen Sicherungssysteme breiter abzustützen. Es gab zwar in Europa einige Vorstöße, die versucht haben, Steuern auf diese Geldquellen zu erheben; die Sozialwerke finanzieren sich jedoch immer noch fast ausschließlich über Lohnprozente.

In einer Art der Sozialpolitik vorauseilenden Anpassungsleistung haben viele Menschen ihre Einkommenssicherung diversifiziert. Heute droht ob der vielen Klagen über die Krise vergessen zu gehen, wie erfolgreich diese Strategien für viele Menschen waren. Der individuelle Versuch, das Erwerbseinkommen durch andere Einkommensquellen abzusichern oder aufzustocken, ist in den letzten Jahren zu einem eigentlichen Trend geworden. Am oberen Ende der Sozialskala ist diese Entwicklung ebenso deutlich ablesbar wie am unteren Ende. Im Finanzsektor, wo traditionell gut bis sehr gut verdient wird, sind die Löhne mit hohen Bonuszahlungen aufgestockt worden, was teilweise dazu führte, dass die Höhe des Einkommens nicht mehr mit einer Leistung zu korrelieren war. Dies führte zu grotesken Einkommensverzerrungen zwischen den Angestellten der kleinen und mittleren Unternehmen, die in vielen Ländern Europas die Wirtschaft prägen, und den Mitarbeitern von Finanzdienstleistungs- und anderen Großunternehmen. Diese Entwicklung hat gerade in wirtschaftsnahen Kreisen politische Gräben und Entfremdungen geschaffen, die noch zu wenig Beachtung gefunden haben.

Eine zweite Quelle bildeten die hohen Einkommen aus Kapitalgewinnen; »Aktiensparen«, wie das Geldverdienen durch Börsenspekulation etwas irreführend genannt wird. Dieses erfreut sich gerade in höheren Einkommensklassen in den letzten Jahren immer größerer Beliebtheit. Hinzu kam eine dritte sprudelnde Geldquelle, die besonders in den oberen Einkommensschichten zu einem massiven Einkommens- und Vermögenszuwachs führte: die Erbschaften. Die Zahl derjenigen, die ihr Arbeitseinkommen mit beträchtlichen Erbschaften aufstocken konnten, ist in den letzen Jahren in den reicheren Ländern Europas markant gestiegen. Das Ausmaß und die Anzahl der

Erbschaften sind in den europäischen Industrieländern seit den 1990er Jahren in eine bis dahin ungekannte Höhe geschnellt, zudem sind vorgezogene Erbschaften zum Normalfall geworden. Allein in der Schweiz wurden im Jahr 2000 35 Milliarden CHF (rund 23 Milliarden EUR[9]) vererbt, das sind rund zehnmal mehr als die Gesamtkosten für die Sozialhilfe.[10]

Während in den oberen Einkommensligen Schwankungen der Zusatzeinkommen zum Risiko gehören und dank der hohen Erwerbseinkommen auch ausgesessen werden können, sind Menschen mit tieferem Erwerbseinkommen auf stabilere und kontinuierlichere Einkommen angewiesen. Außerdem können sie die Zusatzeinkommen der oberen Lohnklassen meist gar nicht nutzen. So gibt es meist nur wenige oder sehr kleine strikt gewinn- und somit konjunkturabhängige Boni für niedrige Einkommensstufen. Wer wenig verdient, hat statistisch eine weitaus geringere Chance auf eine Erbschaft als jemand, der gut verdient. Arbeitnehmende mit niedrigen Einkommen können auch nicht das Geld für sich arbeiten lassen; für das Aktiensparen fehlt ihnen häufig nur schon das Startkapital. Naturgemäß müssen sich Arbeitnehmende aus tieferen Lohnklassen meist mit einer Absicherung ihres Arbeitseinkommens begnügen. Aufstocken können sie es nur, wenn es ihnen gelingt, noch eine Zusatzbeschäftigung zu finden. Allerdings schaffen es nur die stärksten und engagiertesten Geringverdiener, über längere Zeit zwei Stellen zu bekleiden. Menschen, die mit den wachsenden Anforderungen der Erwerbswelt nicht mithalten können, haben diese Möglichkeit nicht. Sie werden oft mehrmals im Leben entlassen; und selbst wenn sie sich nach jeder Kündigung wieder mit voller Kraft für einen neuen Arbeitsplatz engagieren, wird die Hürde zur Wiederbeschäftigung mit jedem Mal höher. In vielen Fällen helfen jedoch auch größte Anstrengungen nicht mehr, da die Voraussetzungen für eine Stelle nicht mehr erfüllt werden können. Selbst für Hilfsarbeiter ist das Anforderungsprofil gestiegen. Neben körperliche Belastbarkeit und Zuverlässigkeit tritt die Anforderung der Flexibilität und der ständigen Lernbereitschaft.

Diese Gründe führen dazu, dass Personen mit Leistungsschwankungen oder schwächere Arbeitnehmende über Jahre hinweg ohne Erwerbsarbeit bleiben. Sie müssen damit rechnen, dass sie zu Sockelarbeitslosen werden, die kaum mehr Chancen haben, je wieder eine Stelle im Ersten Arbeitsmarkt zu finden. So ist es denn verständlich, dass sie versuchen, eine zusätzliche Absicherung für ihren Lebensunterhalt zu bekommen, und über eine Sozialversicherung an eine Rente gelangen möchten, die ihnen ein garantiertes regelmäßiges Einkommen beschert und sie von der meist aussichtslosen und frustrierenden Stellensuche entlastet.

Hier haben jedoch die Sozialversicherungen, die in der Schweiz Renten oder Taggelder zahlen an Personen, die aus arbeitsmarktlichen, körperlichen oder psychischen Gründen nicht mehr oder nicht mehr voll erwerbstätig sein können, einen Riegel geschoben. Für schwer Vermittelbare ist es aufgrund verschiedener Gesetzesrevisionen erheblich schwieriger geworden, zumindest vorübergehend mit Taggeldern der Arbeitslosenversicherung oder auf Dauer mit einer Rente der Invalidenversicherung (IV) aufgefangen zu werden.

Seit dem Jahr 2003 ist in der Schweiz die Zahl der Neurenten bei der IV um ein Drittel zurückgegangen. Die IV-Gesetzesrevision, die 2008 in Kraft getreten ist, wird diesen prohibitiven Prozess weiter verstärken. Die Sozialhilfe wird so für immer mehr Menschen zum langfristigen Auffangnetz. Die Gesamtkosten für soziale Sicherheit betrugen 2007 in der Schweiz rund 138 Milliarden CHF (rund 90 Milliarden EUR). Davon machen die Kosten für die Sozialhilfe nur einen Bruchteil, nämlich rund 3,2 Milliarden CHF (rund 2,1 Milliarden EUR), aus.[11] Die Kosten sind jedoch deutlich steigend, und sie bestimmen die sozialpolitische Debatte stets von neuem. Die Sozialhilfe ist in der Schweiz als vorübergehende subsidiäre finanzielle Hilfe in Notlagen eingeführt worden. Die aktuelle Entwicklung geht jedoch in eine andere Richtung: Für immer mehr Menschen wird die Notlage zur Dauersituation. Obwohl viele konjunkturabhängig immer wieder einen Einstieg ins Erwerbsleben finden, bleibt ein Sockel zurück, eine wachsende Gruppe von Menschen, die dauerhaft vom Arbeitsmarkt ausgeschlossen bleiben. In den schweizerischen Arbeitslosenstatistiken werden diese Personen nicht mitgezählt, da sie keinen Versicherungsschutz durch die Arbeitslosenversicherung mehr genießen. Gemäß der Schweizerischen Konferenz für Sozialhilfe (SKOS) werden jährlich rund 250000 Personen durch finanzielle Leistungen der Sozialhilfe vor Armut bewahrt, darunter eine große Anzahl Kinder und Jugendliche. Wenn man davon ausgeht, dass rund ein Drittel dieser Personen erwerbsfähig ist, aber keine Stelle mehr im Ersten Arbeitsmarkt bekommt, dann gibt es im Moment circa 83000 Personen in der Schweiz, die zumindest teilerwerbsfähig sind und die durch das soziale Hilfssystem in der Schweiz meist zur Untätigkeit verdammt sind.

Die Invalidenversicherung hat im Jahr 2007 rund 11,7 Milliarden CHF (rund 7,7 Milliarden EUR) für die Absicherung der Erwerbsunfähigkeit in Folge einer Invalidität ausgegeben. Im Januar 2008 wurden 295000 Renten ausbezahlt. Hochgerechnet auf die Einwohnerzahl der Schweiz bedeutet dies, dass 5,3% aller Einwohner im erwerbsfähigen Alter eine IV-Rente beziehen.[12] Die Arbeitslosenquote beträgt 3,5%, und etwa 4% sind ausgesteuert und leben von den Geldern der Sozialhilfe. Zusammengezählt kann man also auch in der Schweiz davon ausgehen, dass deutlich über 10% der Bevölkerung im erwerbsfähigen Alter dauerhaft vom Arbeitsmarkt ausgeschlossen sind.

In Deutschland betrug die Arbeitslosenquote im Januar 2009 8,3%, also rund 3,8 Millionen Personen, dazu kommen über sieben Millionen Personen, die über Hartz IV finanzielle Unterstützung erhalten.[13] In den EU-Ländern lebten 2004 rund 100 Millionen Arme, also Menschen mit einem Einkommen, das weniger als 60% des europäischen Durchschnittseinkommens beträgt. Diese Zahl umfasst 22% der Gesamtbevölkerung der EU. Die Armut ist in der EU zwar hauptsächlich in den neuen Beitrittsländern wie Polen oder Estland vordringlich, aber auch in Deutschland leben 13% aller europäischen Armen, deutlich mehr als in Großbritannien, Spanien oder Frankreich. Armutsbedrohung korreliert stark mit Erwerbseinschränkungen, so ist laut der europäischen Armutsstudie in allen europäischen Ländern die Armutsbedrohung in vier Bevölkerungsgruppen am größten:

— Alleinerziehende im erwerbsfähigen Alter
— alleinstehende, nicht erwerbstätige Personen über 65 Jahren
— allein lebende Arbeitslose
— Familien mit nur einer erwerbstätigen Person.

Der Staat kann es sich nicht leisten, Arbeitslosigkeit nur zu verwalten

Die sozialpolitischen Systeme der europäischen Staaten haben sich national recht unterschiedlich entwickelt, und die Wissenschaftler sind sich noch uneinig, welche Typeneinteilung der verschiedenen Ausprägungen der Sozialstaaten in Europa wirklich zutreffend ist. Generell kann man sagen, dass sich entlang der drei wichtigsten politischen Strömungen auch drei Typologien von Wohlfahrtssystemen herausgebildet haben. So gibt es sozialdemokratisch, liberal und konservativ geprägte Systeme, die von unzähligen nationalen und historischen Eigenheiten des jeweiligen Landes spezifisch überformt wurden. Die europäischen Wohlfahrtssysteme entwickelten sich nach dem Zweiten Weltkrieg zu ihrer Blüte. Bis zur Mitte der 1970er Jahre kann man in Westeuropa von einem goldenen Zeitalter der Wohlfahrtsstaaten sprechen. Unzählige soziale Absicherungen wurden eingeführt, diversifiziert, ausgebaut, gesetzlich verankert und allgemein zugänglich gemacht. Nach den Entbehrungen und Schrecken des

Zweiten Weltkriegs sollten die Sicherungssysteme soziale Risiken wie Alter, Armut, Krankheit, Unfallfolgen oder Arbeitslosigkeit finanziell mildern.

Gerade im Bereich der Arbeitslosigkeit zeigte sich jedoch, dass eine finanzielle Abfederung allein nicht genügte. Eine Stelle zu haben heißt auch, an regelmäßigen Sozialkontakten und menschlichem Austausch teilzuhaben. Vom Arbeitsmarkt ausgeschlossen zu werden bedeutet somit auch, von der Gesellschaft ein Stück weit ausgeschlossen zu sein. Die meisten sozialen Beziehungen laufen über den Arbeitsplatz; wer keine Arbeit hat, hat meist auch einen eingeschränkten Kreis an Sozialkontakten. Gerade bei Personen, die nicht in einem Familienverband leben, gehen Einsamkeit und Arbeitslosigkeit oft Hand in Hand. Soziale Vereinsamung führt häufig zu Krankheiten oder unkontrolliertem Suchtverhalten. Damit sind nicht nur viel persönliches Elend, sondern auch massive Folgekosten verbunden.

In unzähligen Studien wird aufgezeigt, dass es ungleich billiger ist, Arbeitsintegrationsmaßnahmen bereitzustellen, als für die sozialen und finanziellen Folgen von Ausgrenzungen aus dem Arbeitsmarkt aufzukommen. Ein Rechenbeispiel mag zeigen, was damit gemeint ist: Ein Mann in den mittleren Jahren schaffte es nicht mehr, seine Leistungsfähigkeit den steigenden Anforderungen des Betriebes anzupassen. Ein Teil seiner bisherigen Tätigkeiten wurde automatisiert, und dennoch konnte der Arbeitgeber rund 1000 CHF (rund 655 EUR) weniger Ertrag generieren, als er für Lohn und Arbeitsplatz aufwenden musste. Kurz: Der Mitarbeiter wurde entlassen, die Abteilung neu organisiert.

Es gelang dem Mann nicht mehr, eine neue Stelle zu finden. Nachdem er zwei Jahre lang 75% seines letzten Lohnes über die Arbeitslosenversicherung bekommen hatte, wurde er ausgesteuert und Teil der Gruppe der über 200 000 ausgesteuerten Langzeitarbeitslosen, die von der Sozialhilfe leben müssen. Für seine vierköpfige Familie bekommt der Mann rund 2000 CHF (rund 1315 EUR) Grundbedarf pro Monat plus 1500 CHF (rund

985 EUR) für die Wohnungsmiete. Die lange Arbeitslosigkeit hat dem Mann psychisch stark zugesetzt, er musste sich in psychotherapeutische Behandlung begeben; diese kostet monatlich zusätzlich rund 1000 CHF (rund 655 EUR), die sich die Krankenkasse und die Sozialhilfe teilen.

Der Fall dieses Mannes kostet die Allgemeinheit heute rund 4500 CHF (rund 2955 EUR) pro Monat; das ist bedeutend mehr als der Fehlbetrag von 1000 CHF (rund 655 EUR), der bei seinem Arbeitgeber bestand und zu seiner Kündigung führte. In den drei Jahren seit seiner Kündigung sind Kosten im Umfang von fast 180 000 CHF (rund 118 000 EUR) aufgelaufen. Wenn sich seine Frau von ihm trennt, müssen zwei Haushalte unterhalten werden, und die Kosten für die Sozialhilfe steigen nochmals kräftig an. Wenn wir davon ausgehen, dass der mittlerweile 54-jährige Mann wahrscheinlich keine Stelle im Ersten Arbeitsmarkt mehr findet, so wird allein die Sozialhilfe bis zu seinem Pensionsalter über 500 000 CHF (rund 328 000 EUR) kosten. Danach werden Zusatzleistungen zur Altersrente nötig sein, da die Rente und die verbliebene Pensionskasse für ein existenzsicherndes Einkommen im Alter nicht reichen werden. In diesem Beispiel sind keine negativen Nebenwirkungen auf die beiden Kinder einkalkuliert, die durch die Langzeitarbeitslosigkeit ihres Vaters und die damit verbundenen familiären Probleme auch mitbetroffen sind. Es ist zu erwarten, dass sie sich mit schulischen Schwierigkeiten auseinandersetzen müssen und dafür zusätzliche Unterstützung benötigen.

Selbstverständlich lassen sich solche hypothetischen Fälle nicht genau rechnen, da die Realität immer wieder andere Voraussetzungen schafft. Dennoch zeigt sich deutlich, dass es die Gesellschaft teuer zu stehen kommt, wenn sie einen erheblichen Teil ihrer erwerbsfähigen Bevölkerung vom Arbeitsleben ausschließt und Arbeitslosigkeit nur verwaltet und für ihre finanzielle Abgeltung sorgt. Zudem ist es auch gesellschaftlich unfair, eine wachsende Gruppe von Menschen langfristig und dauerhaft von der Arbeit fernzuhalten und ihnen die Schuld für ihre Arbeitslosigkeit immer wieder implizit oder explizit selbst zuzuschreiben.

Partnerschaft zwischen Staat und Sozialunternehmern

Angesichts der vielen anstehenden Probleme im Umfeld der Sockelarbeitslosigkeit stellt sich die Frage, wo die positiven Kräfte und Ideen für eine bessere Arbeitsintegration in Zukunft herkommen sollen.

Arbeitsintegration ist heute eine rigide gesteuerte Angelegenheit, die wenig Freiraum für Neues lässt. Viele Institutionen sind seit mehreren Jahrzehnten im Bereich der Arbeitsintegration tätig; meist sind dies private Organisationen mit verwaltungsähnlichen Strukturen. Die Verzahnung zwischen den bezahlenden Stellen, wie beispielsweise der Kommune oder der Arbeitslosenkasse beziehungsweise dem Amt für Arbeit, und den Anbietern ist eng, und es besteht wenig unternehmerischer Handlungsspielraum für die Anbieter. Zahlreiche Anbieter verstehen es bestens, die heutigen Verhältnisse klug zu analysieren. Viele warnen auch vor den Folgen der aktuellen Entwicklung im Umgang mit der Arbeitslosigkeit. Den Problemanalysen folgen jedoch wenige Ideen, wie die Situation langfristig geändert werden könnte.

Auch methodisch hat sich in den letzten Jahrzehnten im Bereich der Arbeitsintegration nur wenig getan. Der Glaube an die Wirksamkeit von Weiterbildung und befristeter Beschäftigung als Mittel zur Reintegration von Arbeitslosen ist ungebrochen. Dies ungeachtet der Tatsache, dass Beschäftigungsmaßnahmen von den Betroffenen oft als nicht sehr sinnvoll erlebt werden und die Wirksamkeit derartiger Programme im Hinblick auf eine Reintegration in den Ersten Arbeitsmarkt auch unter Fachleuten umstritten ist.

In allen staatlichen Weisungsunterlagen ist eine große Angst vor Wettbewerbsverzerrung zu spüren, da Arbeitsintegrationsmaßnahmen teil- oder vollsubventioniert sind. Diese Angst ist verständlich, und es ist sicher richtig, dass Arbeitsintegration auch in dieser Hinsicht zu besonderer Rücksicht verpflichtet ist. Noch gibt es erst wenige Ansätze zur Arbeitsintegration, die methodisch nahe an der Wirtschaft liegen. Es ist, als ob die Angst vor Wettbewerbsverzerrung das Denken in Richtung einer unternehmerischeren, stärker marktorientierten und betriebswirtschaftlich ausgerichteten Arbeitsintegration lähmen würde. Dabei gibt es durchaus erste erfolgversprechende Schritte in Richtung einer engeren Zusammenarbeit mit Privatunternehmen auch in Deutschland. Zahlreiche Firmen lassen beispielsweise Teilfertigungsschritte, die viel Handarbeit benötigen, durch Arbeitsintegrationsfirmen ausführen. Ein weiteres Beispiel für diese Entwicklung ist die aus den USA stammende Idee des »Supported Employment«, mit dessen Methode Behinderte direkt in den Ersten Arbeitsmarkt platziert und durch externe Coachs so unterstützt werden, dass sie ihre Arbeitsstelle dort auch tatsächlich behalten können.[14] Eine europäische Studie, die in verschiedenen Ländern parallel durchgeführt wurde, zeigt, dass mehr als die Hälfte aller Vermittelten auch nach einem Jahr ihre Stelle im Ersten Arbeitsmarkt noch halten konnten und Direktplatzierungen zudem deutlich billiger sind als institutionalisierte Beschäftigungsmaßnahmen.

In Deutschland hat die Bundesagentur für Arbeit die Möglichkeit geschaffen, zusätzliche Arbeitsplätze in Betrieben für Langzeitarbeitslose und Leistungsbeeinträchtigte längerfristig zu subventionieren. Auch in der Schweiz kann der Wiedereinstieg von Langzeitarbeitslosen mittels Lohnzuschüssen vereinfacht werden. Dennoch bleibt das Interesse der Wirtschaft an derartigen Anreizen in der Schweiz vergleichsweise gering. Es scheint ein Problem zu geben an der Schnittstelle zwischen Staat und Privaten. Viele Wirtschaftsunternehmen mussten sich im Zuge der Globalisierung verstärkt einem internationaleren Parkett zuwenden und konnten sich weniger auf lokale Probleme konzentrieren; doch allein kann der Staat die anstehende Aufgabe nicht bewältigen.

Die finanziellen Anreize haben bislang wenig bewirken können, sie wurden von den Unternehmen eher als Druckmittel aufgefasst. Auch auf der Ebene der Arbeitnehmenden herrschte in den letzten Jahren ein deutlich verstärkter Druck. Der Bereich der Integration gehört zu den Zwangsmaßnahmen; dies kommt bei den Betroffenen jedoch nicht immer gut an. Beschäftigungsmaßnahmen werden zwar als Hilfe verstanden, die einem arbeitslosen Menschen Integration »angedeihen lassen«, damit ist aber durchaus auch ein Zwang verbunden. Während beispielsweise die Bundesagentur für Arbeit wiederholt darauf hinweist, dass es kein Recht auf eine Integrationsmaßnahme gibt, besteht die Pflicht, eine solche anzunehmen, wenn sie verfügt wird; wer sie nicht annimmt, muss mit Unterhaltseinbußen rechnen. Die Situation ist paradox. Einerseits wird Druck gemacht für die Arbeitsintegrationsprogramme, andererseits fehlen genügend Möglichkeiten sinnvoller Arbeit für Arbeitslose.

An diese unbefriedigend organisierte Schnittstelle zwischen Staat und Privaten treten in den letzten Jahren als dritte Gruppe von Akteuren vermehrt Sozialunternehmerinnen oder Sozialunternehmer. Unter diesem Begriff versteht man unternehmerisch tätige Personen, die sich mit wirtschaftlichen Mitteln pragmatisch und langfristig für einen wesentlichen positiven Wandel der Gesellschaft einsetzen. Sozialunternehmer im engen Wortsinn sind Personen, die anstehende soziale Probleme »an die Hand nehmen« (Entrepreneur), jedoch im eigenen unternehmerischen Risiko handeln und nicht in eine staatliche Organisation eingebunden sind. Sie sind Unternehmer im ursprünglichen Sinn, das heißt, sie entwickeln die Wirtschaftsressourcen aus Bereichen geringerer Produktivität so, dass sie höhere Produktivität und höhere Erträge erzielen. Sozialunternehmer sehen ein solches Potential auch im Bereich der vom Arbeitsmarkt ausgeschlossenen Personen, die sich eine gewisse Arbeitsfähigkeit erhalten haben, und suchen nach Mitteln und Wegen, um diese Ressourcen zu stärken. Sie verfolgen damit zwei Ziele: Erstens soll die Arbeitsfähigkeit der vom Ersten Arbeitsmarkt ausgeschlossenen Personen zu ihrem Optimum entwickelt werden, und sie sollen dafür einen Lohn erhalten, der ihren Fähigkeiten entspricht. Zweitens soll Personen, die das entsprechende Potential haben, eine Wiedereingliederung in den Ersten Arbeitsmarkt ermöglicht werden. Damit soll die Durchlässigkeit zwischen dem Ersten und dem Zweiten Arbeitsmarkt vergrößert werden.

Der amerikanische Ökonom Peter F. Drucker definiert den Unternehmer als eine Person, die immer auf der Suche ist nach Veränderung, die auf Veränderung reagiert und diese als Chance nutzt. Eine Sozialunternehmerin oder ein Sozialunternehmer verbessert gemäß Drucker die Leistungsfähigkeit einer Gesellschaft.[15] Sie oder er bewirkt einen systemischen gesellschaftlichen Fortschritt und zwar auch dann, wenn die Voraussetzungen dafür ziemlich ungünstig erscheinen.

Im Bereich der Arbeitsintegration sind sozialunternehmerische Personen heute besonders gefragt, denn die Situation ist verfahren und erscheint vielen als hoffnungslos. Die Gelder werden knapper, und es bleiben immer mehr Arbeitskräfte unerschlossen. Eine wachsende Zahl von Menschen landet für lange Zeit oder für immer in der Arbeitslosigkeit. Sie müssen sich neben empfindlichen Einkommenseinbußen mit einem gravierenden Statusverlust und mit einer zunehmenden Perspektivenlosigkeit auseinandersetzen. Die Gesellschaft bringt ihnen kaum Wertschätzung entgegen. Sie sehen sich mit subtilen oder offenen Vorwürfen der Faulheit und der Nutzlosigkeit konfrontiert. Dies ist besonders stoßend, weil die meisten unverschuldet in diese Situation geraten sind und ihnen auch kaum Möglichkeiten geboten werden, sich wieder aus ihrer misslichen Lage zu befreien. Allerdings gehören nicht nur die Betroffenen zu den Verlierern. Die Gesellschaft verliert mit der wachsenden Sockelarbeitslosigkeit an Chancengleichheit und sozialer Gerechtigkeit und setzt damit schwererkämpfte demokratische Errungenschaften aufs Spiel, deren Verlust sie zukünftig nicht nur finanziell teuer zu stehen kommen wird; der Ausschluss von ganzen Gesellschaftsgruppen von der Erwerbsarbeit birgt nicht zuletzt auch ein erhebliches Gewaltpotential.

Hier setzen sozialunternehmerische Personen an: Sie suchen nach innovativen Methoden zur Bekämpfung dieser Entwicklung. Erstaunlich häufig handelt es sich dabei um Frauen. Sie kombinieren soziale und ökonomische Kompetenzen und lösen die anstehenden Probleme pragmatisch Schritt für Schritt. Nischen und neue Möglichkeiten erproben sie im Schatten der sozialpolitischen Diskussionen und Grundsatzfragen. Sozialunternehmerinnen schaffen neue Formen der Zusammenarbeit und versuchen wichtige Partner mit einzubinden und neue Wege zu finden. Typisch ist dabei die Kombination von Pragmatismus und visionärer Kraft. In einigen Fällen werden so neue Organisationen geschaffen, meist in Form von Firmen mit besonderer sozialer Zielsetzung; in anderen werden bestehende Organisationen etappenweise nach sozialunternehmerischen Gesichtspunkten zu eigentlichen Sozialfirmen um- und ausgebaut.

Vom Beschäftigungsprogramm zur Sozialfirma

Beschäftigungsprogramme stehen heute unter einem höheren finanziellen Druck und unter Legitimationszwang. Darum spielen viele von ihnen mit dem Gedanken, sich stärker am Markt auszurichten und ihr Angebot unternehmerischer zu organisieren. Einige tun dies aus Gründen des Kostendrucks, andere, weil sie sich für den unternehmerischen Ansatz interessieren und die Methode für zukunftsfähig halten. Oft werden jedoch der Aufwand und das Ausmaß der notwendigen Veränderungen von den Verantwortlichen massiv unterschätzt. Der Weg zur Sozialfirma erfordert mehr als nur eine gründliche Reorganisation eines Betriebs; er verlangt ein konsequentes Um- und Neudenken von Prozessen und Abläufen und ein Überdenken von jahrelangen Betriebskulturen, verbunden mit einem konsequenten Verzichten auf Sicherheiten und einer mutigen Hingabe an die Fährnisse des Marktes. Das Unterfangen erfordert grundsätzliche Überlegungen und Entscheide zur Frage, ob die bestehende Form und Art der Unternehmung für ein gewähltes Ziel geeignet ist. Sämtliche Produkte und Dienstleistungen müssen unter der Prämisse der Marktnähe und der Sinnfrage neu überdacht werden. Das eigene Selbstverständnis und das Verhältnis zur Konkurrenz müssen definiert und konsequent gelebt werden.

Wer nahe an den Markt will, muss auch das Marketing tiefgreifend verstehen und darf es nicht bei kosmetischer Verkaufsförderung bewenden lassen. Selbst Fragen des Standorts und der Logistik bekommen plötzlich einen ganz neuen Stellenwert, und die Anschaffung von Maschinen muss unter ganz anderen Gesichtspunkten bewertet werden als bisher. Es stellt sich sogar die Frage, ob die erfolgreiche Crew eines Arbeitsintegrationsprogramms für eine Neuausrichtung zur Sozialfirma überhaupt geeignet ist.

Diesen Fragen soll in diesem Kapitel vor dem Hintergrund der in St.Gallen gemachten Erfahrungen kritisch nachgegangen werden.

Das St.Galler Modell

Die Stadt St.Gallen gründete 1997 zusammen mit den Kirchen, den Parteien, den Gewerkschaften und dem Gewerbeverband unter dem schlichten und pragmatischen Namen »Stiftung für Arbeit« eine Organisation, die sich anfänglich kaum von unzähligen anderen Arbeitsintegrationsprogrammen unterschied. Auch die Ausgangslage glich jener in vielen Schweizer Städten: In St. Gallen gab es eine wachsende Zahl von ausgesteuerten Langzeitarbeitslosen. Man befürchtete, dass sich diese vermehrt im öffentlichen Raum aufhalten würden und es sich herumsprechen würde, dass man in der Stadt St.Gallen anonymer und dadurch einfacher zu finanzieller Sozialhilfe kommen kann als in den umliegenden kleinen Gemeinden. Aus diesem Grund wollte man Beschäftigungsmöglichkeiten für ausgesteuerte arbeitsfähige Sozialhilfeempfangende schaffen, die keine vordergründige Suchtproblematik aufwiesen. Es entstand ein Taglohnprogramm für Ausgesteuerte, in dem etwa 30 bis 40 Personen unregelmäßige Arbeit im Bereich von Umgebungsarbeiten fanden. Dem Programm lag der Gedanke zugrunde, dass sich jeder, der arbeiten konnte, auch im Rahmen seiner Kräfte und Möglichkeiten betätigen sollte und die Sozialhilfe nur subsidiär und nach einem Gegenleistungsprinzip ausbezahlt werden würde.

Dieses Prinzip ist keine St. Galler Eigenart, es ist typisch für das Prinzip der öffentlichen Sozialhilfe und prägt auch die Sozialhilfegesetze anderer Kantone und Länder. Die Verankerung der Sozialhilfe als letzte Anlaufstelle in der Not ist sodann auch in Artikel 12 der Schweizer Bundesverfassung verankert. Um die Jahrtausendwende zeigte es sich, dass diese Not oft nicht mehr nur vorübergehend war, sondern sich in vielen Fällen zu einer Arbeitslosigkeit auf unabsehbare Zeit ausweitete. Vor diesem Hintergrund leuchtet es ein, dass im Zweiten Arbeitsmarkt vermehrt Arbeitsmöglichkeiten für Sozialhilfebeziehende geschaffen werden sollten. Die Realität zeigte jedoch, dass nur sehr wenige Gemeinden tatsächlich Beschäftigungsmaßnahmen für Sozialhilfebeziehende einführten oder in Auftrag gaben. Der Grund dafür lag in den Kosten und in der kleinräumigen Organisationsstruktur der Sozialhilfe in der Schweiz. Jede Gemeinde muss für die in ihr ansässigen Sozialhilfebeziehenden aufkommen. Viele Gemeinden sind zu klein, um eigene Arbeitsintegrationsinstrumente für Ausgesteuerte zu entwickeln.

Um die Jahrtausendwende begann die Schweiz zu realisieren, dass auch das kleine Alpenland mit einer wachsenden Sockelarbeitslosigkeit zu kämpfen hatte, gegen die es kein Rezept gab. Das statistische Zahlenmaterial zur Fallzahlenentwicklung in der Sozialhilfe war damals sehr dürftig und die Zählweise uneinheitlich. Man ging davon aus, dass in der Schweiz knapp 3% der Bevölkerung von finanziellen Zuwendungen der Sozialhilfe lebten, Tendenz steigend.[16] Auch die Bezugsdauer verlängerte sich. Diese Entwicklung war zwar zahlenmäßig noch nicht besorgniserregend, dennoch begann sie die sozialpolitische Debatte zu prägen. Nach Jahrzehnten des Wohlstands verunsicherte die Vorstellung einer wachsenden Anzahl arbeitsloser Personen, die nicht mehr über eine Arbeitslosenversicherung bezahlt wurden, sondern direkt der Allgemeinheit, den Steuerzahlern, zur

Last fielen. Wer während mehr als zwei Jahren von der Arbeitslosenversicherung Taggelder bezogen hatte, wurde ausgesteuert und verschwand somit aus der Statistik. Wer ausgesteuert wurde, musste beim Sozialamt seiner Wohngemeinde seine Bedürftigkeit anmelden. Dort wurde der Bedarf ermittelt und finanzielle Sozialhilfe ausbezahlt.

Die Sozialämter versuchten mit allen Kräften zu verhindern, dass sich eine feste Gruppe von Sozialhilfebeziehenden bildete, die auch mittel- oder längerfristig nicht mehr von der staatlichen Unterstützung abgelöst werden konnten. Ein solches Mittel war die Anmeldung zur Prüfung einer Invalidenrente. Um die Jahrtausendwende zeichnete sich ein deutlicher Fallzahlenanstieg in der IV ab. 1999 bezogen 4,24% der Schweizer Bevölkerung eine IV-Rente, 2008 waren es 5,27%.[17] In absoluten Zahlen wurden noch 1999 rund 188 000 Personen von der IV unterstützt, 2008 waren es 252 000 Personen. Es zeigt sich also, dass der Trend zur häufigeren IV-Anmeldung auch einen deutlichen Anstieg der gesprochenen IV-Renten nach sich zog. Besonders markant war der Anstieg derjenigen Renten, die aus psychischen Gründen gesprochen wurden; dieser betrug zwischen 2002 und 2008 rund 35%.[18] Die IV geriet dadurch in finanzielle Schwierigkeiten. Durch die 2008 in Kraft getretene 5. IV-Revision wurde die Hürde für eine Rentensprechung erhöht und so der Ball wieder vermehrt an die Sozialämter zurückgespielt.

Auch die Stadt St. Gallen stand 2002 mitten in dieser Entwicklung. Die ehemalige Textilstadt hatte in den 1990er Jahren schmerzhafte Strukturbereinigungen durchgemacht, die zu einem Verschwinden der traditionellen St. Galler Textilindustrie geführt hatten. Im Raum St. Gallen hatte sich die traditionelle Nähe zwischen der Politik und dem Unternehmertum länger gehalten als in anderen Regionen der Schweiz, dies mochte den Schritt in Richtung einer unternehmerischer ausgerichteten Arbeitsintegration erleichtert haben. Aus den Protokollen und

Unterlagen der damaligen Zeit geht hervor, dass die Überlegungen, die damals tatsächlich den Ausschlag gaben für einen Kurswechsel, der sich später als sehr innovativ herausstellen sollte, von allen Beteiligten grundsätzlich begrüßt wurden. Die Aussicht, mit einem größeren Eigenfinanzierungsgrad die gebeutelte Staatskasse zu entlasten, überzeugte jedenfalls den Stiftungsrat der St. Galler Stiftung für Arbeit so weit, dass er sich auf das Projekt einer unternehmerischeren Arbeitsintegration einließ.

Die Voraussetzungen für das Experiment waren besser, als den Beteiligten bewusst war: Der besondere Umstand, dass die Schweiz (neben Österreich) als einziges Land Europas nicht über ein nationales Sozialhilfegesetz verfügt, führt einerseits dazu, dass die Gewährung von Sozialhilfe von Gemeinde zu Gemeinde unterschiedlich geregelt ist und auch die Leistungen der Sozialhilfe punkto Betreuung und Geld in der Praxis erheblich variieren können. Andererseits schafft diese Besonderheit auch den nötigen Freiraum für innovative Experimente; das St. Galler Modell der Stiftung für Arbeit ist ein deutliches Beispiel dafür.

Als die St. Galler ihr Experiment begannen, hatten sie keinen Namen für das, was sie taten, aber sie hatten im Rahmen ihrer Stiftung für Suchthilfe schon erste Erfahrungen gesammelt und wollten deshalb die Marktorientierung in diesem Fall noch konsequenter anwenden. Sie bewiesen den nötigen Mut und Durchhaltewillen, um das anfangs immer wieder umstrittene Unterfangen einer unternehmerischen Neuausrichtung der Arbeitsintegration von Ausgesteuerten um die politischen Klippen herumzusteuern. Als heikelster Punkt erwies sich auch in diesem Zusammenhang der Umstand, dass sich die gewerblichen Betriebe der freien Wirtschaft durch den entschiedeneren Marktauftritt der Sozialfirma konkurrenziert fühlten.

Unterschätzte Punkte bei der Neuausrichtung

Wer ein Beschäftigungsprogramm stärker betriebswirtschaftlich ausrichten will, kann nicht einfach das betriebswirtschaftliche Lehrbuch konsultieren und betriebswirtschaftliche statt soziale Methoden anwenden. Betriebswirtschaftliches Wissen ist jedoch zweifellos von Vorteil. Folgerichtig verlangte der Stiftungsrat bei der Neubesetzung der Geschäftsführung der operativen Stiftung für Arbeit im Jahr 2002 denn auch ausdrücklich ein betriebswirtschaftliches Profil; fast gleichwertig wurden in der Ausschreibung auch sozialpädagogische Fähigkeiten gefordert.

Daran zeigt sich bereits ein markanter Punkt, den es beim Aufbau von Sozialfirmen zu berücksichtigen gilt: Sozialfirmen müssen soziale Ziele gleichrangig mit betriebswirtschaftlichen verfolgen, das heißt, sie umfassen immer das Sowohl-als-auch, und zwar besonders dort, wo sich Entscheidungen scheinbar gegenseitig ausschließen und zu einem paradoxen Ergebnis führen. Die größte Herausforderung liegt darin, dass dieser paradoxe Zustand des gleichzeitigen Verfolgens zweier Ziele auf gleicher Ebene verinnerlicht werden und man lernen muss, mit dieser besonderen Situation umzugehen. Das Management von Sozialfirmen muss es wagen, konsequent auf zwei Ebenen gleichzeitig zu denken und dabei flexibel und unternehmerisch zu handeln. Die Anforderungen, diese »Double Bottom Line«, wie die Unternehmensziele in der englischsprachigen Literatur genannt werden, werden immer wieder klar unterschätzt. Es geht nicht darum, zwei gleichwertige Ziele gegeneinander auszuspielen, sondern sie wirklich miteinander denken und anwenden zu können.

Ein solcher Zielkonflikt zeigt sich schon in der Belegschaft einer Sozialfirma. Sozialfirmen für Ausgesteuerte können ihr Personal nicht selbst rekrutieren; sie arbeiten mit sogenannt »schwachen« und »schwierigen« Leuten, die anderswo keine Stelle finden, und zahlen dafür leistungsangepasste Löhne. Da sie mit nicht arbeitsmarktfähigen Leuten am Markt bestehen und sich mit Aufträgen begnügen müssen, die in der Regel schlechter abgegolten werden als im Ersten Arbeitsmarkt, erhalten sie mindestens 50% des Umsatzes von der öffentlichen Hand oder von einer Sozialversicherung.

Das höchste Ziel von Sozialfirmen liegt in der Reintegration ihrer Belegschaft in den Ersten Arbeitsmarkt. Sie arbeiten also mit aller Kraft daran, Langzeiterwerbslose leistungsfähiger zu machen und sie wieder an die Anforderungen des Ersten Arbeitsmarktes heranzuführen. Wenn sie dies geschafft haben, müssen sie ihr Personal per sofort wieder loslassen können. Im Fall der Stiftung für Arbeit oder der Dock Gruppe, wie die Sozialfirma heute heißt, bedeutet dies, dass jeder, der eine Stelle im Ersten Arbeitsmarkt gefunden hat, per sofort freigestellt werden muss. Diese Bedingung im Rahmen eines Beschäftigungsprogramms einzuhalten, ist etwas ganz anderes als Arbeitsintegration mit einem Betrieb zu gewährleisten, der am Markt operiert. Eine Sozialfirma zu führen, bedeutet, Kundenaufträge mit einem Unternehmen zu erfüllen, das eine Belegschaft hat, deren Leistungen stark schwanken und die einer hohen Fluktuation unterworfen ist. Zum plötzlich möglichen Verlust der besten und zuverlässigsten Mitarbeitenden kommt der Umstand, dass das Personal oft sehr arbeitsungewohnt ist. Viele ausgesteuerte Langzeiterwerbslose sind seit mehreren Jahren keiner geregelten Arbeit mehr nachgegangen. Häufige Fehlzeiten ohne Abmeldungen oder lange Krankheitsperioden wegen Überforderung sind besonders am Anfang der Beschäftigung die Regel. Hinzu kommt, dass es gelingen muss, Arbeitnehmende zu guter Arbeit zu motivieren, die unter Androhung von Leistungskürzungen der Sozialhilfe in die Sozialfirma zur Arbeit geschickt worden sind; verständlicherweise ist dies nicht immer ganz einfach. Gerade in Betrieben mit wenig Arbeitnehmenden können diese Faktoren dazu führen, dass die Firma immer mal wieder nicht in der Lage ist, Kundenaufträge termingerecht auszuführen.

Dem ist auch bei der Akquisition von Aufträgen in genügendem Maße Rechnung zu tragen. Anspruchsvollere Aufträge, die Einarbeitungszeit benötigen, sind heikel, denn die überwiegende Zahl der Ausgesteuerten hat keine Berufsausbildung, und selbst diejenigen mit einer Berufsausbildung sind oft nicht mehr in der Lage, Facharbeiten zu erledigen.

Bei der Zielgruppe der ausgesteuerten Langzeitarbeitslosen kommt erschwerend hinzu, dass Sozialfirmen, die ausschließlich Ausgesteuerte beschäftigen, finanziell oft nicht auf Rosen gebettet sind. Sie können sich keinen Maschinenpark leisten, wie er für eine Industrie- oder Gewerbefirma üblich ist. Zusammengefasst heißt dies, wer eine Sozialfirma für Ausgesteuerte erfolgreich näher an den Markt bringen will, muss Arbeiten suchen, die mit wenigen Maschinen bewältigt werden können und wenig anspruchsvoll sind, damit sie auch von einer stark wechselnden Belegschaft in zufriedenstellender Qualität erledigt werden können.

Um die Kundenaufträge in der erforderlichen Qualität und Zeit erfüllen zu können, muss es möglich sein, die Belegschaft emotional an die Firma zu binden und ihr das Gefühl zu vermitteln, gebraucht zu werden. Gleichzeitig darf aber der Wille und die Motivation für eine Stellensuche im Ersten Arbeitsmarkt nicht geschmälert werden. Dieses Unterfangen gelingt nicht immer und erfordert von den Vorgesetzten eine große Offenheit und Ehrlichkeit. Unsere Erfahrungen in der Dock Gruppe haben gezeigt, dass dem Führungsverhalten der Vorgesetzten eine nicht zu unterschätzende Bedeutung für den langfristigen Erfolg einer Sozialfirma zukommt. Es gibt keine allgemeine Regel, wie mit langzeiterwerbslosen Arbeitnehmenden umzugehen ist. Jede Person muss dort abgeholt werden, wo sie steht. Es ist von zentraler Bedeutung, die Arbeitnehmenden nie zu überfordern, sie aber immer so zu fordern, dass sie einsteigen und mitmachen. Dies kann nur individuell geschehen, und es ist unerlässlich, dass eine Sozialfirma über ein transparentes, nachvollziehbares Qualifikationsinstrument verfügt, in das alle Arbeitnehmenden individuell eingereiht werden können. Einige verharren lange auf der untersten Stufe, andere zeigen einen kometenhaften Anstieg ihrer Leistungen und lassen dann nach wenigen Monaten in ihrem Engagement und ihren Leistungen wieder nach. Es ist essentiell, in solchen Fällen verbindlich, klar und überprüfbar zu führen und nötigenfalls auch Rückstufungen vorzunehmen.

Hierin liegt ein entscheidender Unterschied zu einem Programm, in dem die Teilnehmenden (schon die Bezeichnung »Teilnehmende« deutet auf den Unterschied hin) betreut werden. In den Arbeitsintegrationsprogrammen wird denn auch sozialpädagogisch geschultes Personal eingesetzt, das die Betreuungsaufgabe übernimmt. Betreuung verstanden als methodisch geplanter Hilfeprozess und Begleitung ist etwas völlig anderes als klare Führung in der Rolle und Funktion eines Vorgesetzten. Dieser Unterschied wird immer wieder unterschätzt. Wir sind der festen Überzeugung, dass beides zusammen nicht geht; man kann nicht führen und betreuen. Das ist eine Überforderung. Mit einem eindeutigen Bekenntnis zur Führung schafft man Klarheit, nicht zuletzt auch zugunsten der Arbeitnehmenden, die dann wissen, woran sie sind.

Wer von der Sozialhilfe lebt, hat in der Regel schon einige Erfahrung mit Sozialinstitutionen, ist schon lange Zeit betreut worden, hat seine Lebensgeschichte schon oft erzählt und kann manchmal verblüffend genau über seine Defizite Auskunft geben. Nur hilft dies im Unterfangen der Reintegration in den Ersten Arbeitsmarkt oft nicht weiter. Auch deshalb haben wir uns für eine klare Aufgabenteilung zwischen uns und den Sozialämtern entschieden. Wir führen die Arbeitnehmenden im Rahmen eines guten, sozialen Arbeitgebers, und die Sozialämter betreuen sie im Rahmen der sozialarbeiterischen Anforderungen.

Das Bekenntnis zur Führung bedeutet, dass man als Firma die Finger von der Betreuung lassen muss. Im Falle der ausgesteuerten Langzeiterwerbslosen ist die Betreuung durch die Sozialämter sichergestellt. Bei anderen Zielgruppen können andere Betreuungs- und Beratungsstellen zur engen Zusammenarbeit gefunden werden. In der Sozialfirma soll jeder am gleichen Punkt beginnen können, unbelastet von seiner Vorgeschichte. Damit wird in der Sozialfirma Chancengleichheit in einer besonderen Form gewährleistet: Jeder kann noch einmal von vorne anfangen und alles besser machen.

Alle Arbeitnehmenden beginnen gleich, beispielsweise mit 50 Stellenprozenten im Stundenlohn, das heißt 20 Stunden pro Woche für 13 CHF (rund 8.50 EUR) pro Stunde. Die Arbeitszeit kann gewählt werden, entweder immer vor- oder nachmittags oder in der ersten oder zweiten Wochenhälfte. Die Wahl ist fix. Von Anfang an geht es in der Führungsmethodik darum, so viel Eigenverantwortung wie möglich verbindlich zu verankern und die Bedingungen für einen Aufstieg aus eigener Kraft verständlich zu machen. Wer einen Monat lang tatsächlich 20 Stunden pro Woche arbeitet, bekommt vom Sozialamt nicht nur die Aufstockung zum Existenzminimum der Sozialhilfe, sondern zusätzlich einen Bonus von 200 CHF (rund 130 EUR). Einige Arbeitnehmende wenden jeweils ein, dass sie nicht für 200 CHF im Monat 50% arbeiten würden. Selbstverständlich stimmt diese Rechnung nicht ganz, da die Sozialhilfe ja um den durch die Arbeit erwirtschafteten Lohn sinkt, also weit mehr als 200 CHF erarbeitet werden. Unter dem Strich ist die Rechnung für die Arbeitnehmenden jedoch richtig: Wer 50% arbeitet, bekommt 200 CHF pro Monat mehr als derjenige, der nicht arbeitet und nur von der Sozialhilfe lebt. Diese Rechnung fällt für Arbeitnehmende aus bestimmten Gemeinden sogar noch ungünstiger aus, denn wer ohne Arztzeugnis weniger als 80 Stunden pro Monat arbeitet, bekommt in vielen Gemeinden gar keinen Bonus, hat also Ende Monat nicht mehr Geld in der Tasche, wie wenn er gar nicht gearbeitet hätte.

An diesem Punkt setzt nun die Führung ein. Die Vorgesetzten haben die Aufgabe, deutlich zu kommunizieren, dass diese Situation keine perfide Falle eines menschenverachtenden Systems ist, sondern eine Gelegenheit, die es zu nutzen gilt. Sie müssen zeigen, dass es sich lohnt, Leistung zu bringen; dass die Arbeitnehmenden in der Sozialfirma nicht zur Zwangsarbeit verdammt sind, sondern ihnen eine Chance geboten wird – eine Möglichkeit, wieder arbeiten zu können und sich aus eigener Kraft aus der Sozialhilfe herauszuarbeiten. Es ist enorm wichtig, glaubwürdig zu vermitteln, dass dies mit Würde zu tun hat; denn selbst aktiv zu werden und mit eigener Kraft wieder den zum Leben nötigen Lohn zu erwirtschaften, hat mit Würde zu tun.

Hierzu ist es hilfreich, auf Vorgesetztenstufe auch Personen zu haben, die wissen, wie es sich anfühlt, lange ohne Arbeit zu sein. Es ist von Vorteil, wenn sie verstehen können, dass jemand mit dem Schicksal hadert. Entscheidend ist jedoch, dass die Vorgesetzten aus Erfahrung gelernt haben, dass Jammern nichts bringt, sondern dass es darum geht, die eigenen Kräfte wieder zu mobilisieren und Schritt für Schritt Vertrauen in die persönlichen Fähigkeiten aufzubauen. Erfahrungsgemäß gelingt dies am besten, wenn man die Hürden am Anfang nicht allzu hoch ansetzt. Wenn wir dafür plädieren, dass nicht sozialpädagogische Fähigkeiten erfolgsentscheidend sind für eine Sozialfirma, sondern Führungsfähigkeiten, dann bedeutet dies nicht, dass menschliche Reife und Erfahrung nichts zählen; im Gegenteil. Es braucht Reife und Erfahrung in einem Umfeld, das nicht allzu weit von demjenigen der Arbeitnehmenden entfernt ist. Langzeiterwerbslose brauchen besondere Vorbilder als Vorgesetzte. Zur Vorbildsfunktion der Vorgesetzten gehört nicht nur, dass sie genauso anpacken, wie sie es auch von den Arbeitnehmenden verlangen; ebenso wichtig ist es, dass sie gelernt haben, mit Krisen umzugehen, und sie durch ihr Alltagshandeln zeigen können, dass Scheitern nicht das Ende bedeutet, sondern dass man wieder aufstehen kann. Personen mit gut überwundenen Brüchen in der Biographie sind deshalb besonders wertvolle Vorgesetzte.

Wenn es der Sozialfirma gelingt, die Aufstiegsperspektiven auch zwischen den langzeiterwerbslosen Arbeitnehmenden und dem Kader durchlässig zu machen, trägt dies viel bei zur Akzeptanz und zur Motivation der Arbeitnehmenden.

Obschon die Unterschiede zwischen den Führungsansprüchen eines Beschäftigungsprogramms und einer Sozialfirma bei oberflächlicher Betrachtung gar nicht so groß zu sein scheinen, gelingt es oft nicht, die Paradigmen zu wechseln. Auch im Fall der Stiftung für Arbeit dauerte es mehrere Jahre, bis ein strikt eigenverantwortliches und unternehmerisches Führungsverständnis durchgesetzt werden konnte. In St. Gallen kam vereinfachend hinzu, dass die Mehrzahl der Vorgesetzten aus Industrie oder Gewerbe kam oder vorher eine eigene Firma geführt hatte. Ein Team von Sozialpädagogen oder Führungspersonen mit ähnlichem sozialen Berufshintergrund in diese Richtung umzubilden, wäre eine weitaus höhere Herausforderung gewesen.

Der Teufel liegt also nicht nur im Detail, sondern im Kern, in der Führung, im eigenen Selbstverständnis. Sind wir nun ein Beschäftigungsprogramm und tun, was wir gut können, das heißt, wir beschäftigen Personen und betreuen sie, oder wollen wir eine Sozialfirma sein, in der wir mit denselben Leuten einen möglichst hohen Anteil unseres Umsatzes am Markt erwirtschaften wollen?

Wenn wir zur zweiten Variante ja sagen, dann muss uns klar sein, dass wir für ein so schwieriges Unterfangen besondere Voraussetzungen erfüllen müssen. Es muss klar sein, was es heißt, unter den erschwerten Bedingungen einer Sozialfirma an den Markt zu gehen. Diesbezügliche Erfahrungen wurden bis anhin hauptsächlich im angelsächsischen Raum gesammelt und besonders in Großbritannien, woher die Sozialfirmenidee ursprünglich stammt und wo sie deutlich weiter verbreitet ist als in der Schweiz. Diese haben gezeigt, dass der unternehmerische Aspekt der Sozialfirmengründung oft derart unterschätzt wurde, dass es häufig zu Konkursen kam. Nach einer Sozialfirmeneuphorie in der Regierungszeit Tony Blairs, als eine ganze Menge enthusiastischer Publikationen zum Thema Sozialunternehmen erschien und verschiedene Organisationen damit begannen, Startkapital für Sozialunternehmen bereitzustellen, stellte sich nach der Jahrtausendwende eine Zeit der Ernüchterung ein. Viele der tollen und auf spannenden Webseiten bejubelten Sozialunternehmen stellten ihre Geschäfte ein und deponierten ihre Bilanz. Enttäuscht wurde festgestellt, dass Sozialunternehmer zu sein nicht bedeutete, eine »light« Variante des Unternehmers gefunden zu haben. Ganz im Gegenteil: Die Anforderungen an Sozialunternehmer überstiegen diejenigen an normale Unternehmer sogar, da diese in einem schwierigeren Umfeld operieren und stärker von den politischen Umständen abhängig sind als herkömmliche Unternehmer.

Angesichts dieser bitteren Erfahrungen in Großbritannien lohnt es sich nicht nur vor dem Start einer Sozialfirma, sondern auch vor der Neuausrichtung eines Beschäftigungsprogramms in eine Sozialfirma eine strenge Lagebeurteilung vorzunehmen, um herauszufinden, wo die Schwachstellen sind, und diese so gut wie möglich vor dem Aufbruch ins Abenteuer Sozialfirma zu beheben.

Unternehmerische Fähigkeiten benennen

Arbeitsintegrationsprogramme für Arbeitslose bewegen sich in wirtschaftlich schwankendem Umfeld. Wenn es viele Arbeitslose gibt, dann werden auch viele Mitarbeiter neu fest angestellt; in wirtschaftlich besseren Zeiten wird dieses Integrationspersonal wieder entlassen. Dieser Prozess ist typisch für den sogenannten Ergänzenden Arbeitsmarkt, der gegenläufig zum Ersten Arbeitsmarkt funktioniert.

Die Wachstums- und Schrumpfungsprozesse des Arbeitsmarktes bedingen eine gewisse Flexibilität für den Personaleinsatz von Arbeitsintegrationsprogrammen, und sie stellen besondere Ansprüche an deren Führung. Diese systembedingte Flexibilität darf aber nicht verwechselt werden mit den unternehmerischen Anforderungen an eine Sozialfirma. Wenn die Führung eines Beschäftigungsprogramms daran denkt, sich als Sozialfirma neu auszurichten, dann muss sie selbstkritisch untersuchen, ob ihr Kader in der Lage ist, tatsächlich unternehmerisch zu arbeiten.

Unternehmerisch zu arbeiten heißt in erster Linie, eine Vision zu haben und diese mit allen Kräften umsetzen zu wollen. Ein bisschen Sozialfirma geht nicht. Es ist erfolgsentscheidend zu wissen, wie groß der Mut und die Entschlossenheit zur Neuausrichtung im Kader wirklich ist, wie viel Hartnäckigkeit vorhanden ist, um schwierige Ziele zu erreichen, wie groß die Fähigkeit ist, Chancen rasch zu erkennen und sofort zu handeln. Außerdem ist es unbedingt notwendig, die Risikofreudigkeit der Gruppe zu kennen und zu wissen, wie gern sie Verantwortung übernimmt und auch bereit ist, für Fehler die Konsequenzen zu tragen. Wer ja sagt zu einer Neuausrichtung, sagt ja zu mehr als der absehbaren Veränderung. Es ist damit zu rechnen, dass Unklarheiten, Unsicherheiten und Überforderungen entstehen, und es ist essentiell, dass diese ausgehalten und nicht unterschätzt werden. Zupacken zu können und Elan zu haben ist ebenso wichtig, wie über den nötigen Durchhaltewillen zu verfügen, wenn es schwieriger wird. Gleichzeitig ist ein großes Maß an Kommunikationsfähigkeit gefordert, und es ist entscheidend, dass es der Gruppe gelingt, Beziehungen einzugehen und diese zu pflegen, auch mit Leuten, mit denen man nicht unbedingt befreundet sein möchte.

Es lohnt sich, sich diese Situation im Vorfeld zu vergegenwärtigen, für jeden Aspekt Beispiele zu sammeln und diese in der Gruppe zu diskutieren. Es lohnt sich auch, für das Ausmaß der erforderlichen Fähigkeiten im Kader eine interne Bewertung zu machen und diese anschließend mit einer externen Fachperson zu besprechen und von ihr überprüfen zu lassen.

Jede Neuausrichtung eines Programms in Richtung Sozialfirma ist eine Art Start-up. Voraussetzungen dafür sind nicht nur Unternehmergeist, sondern auch klar definierte betriebswirtschaftliche Fähigkeiten. Es braucht Sozialunternehmer und Leute, die Businesspläne realistisch vor- und nachrechnen können und etwas von Finanzen, Prozessen, Optimierungen und Umsetzung verstehen.

Geschäftsidee formulieren

Sozialfirmen kombinieren ihre Marktorientierung und ihre finanziellen Ziele mit einer sozialen Mission. Gemäß ihrem Selbstverständnis sind sie Firmen mit sozialem Ziel und nicht soziale Projekte oder Programme, die auch etwas verkaufen. Die soziale und wirtschaftliche Integration von am Arbeitsmarkt benachteiligten Menschen geschieht durch Arbeit und Lohn. Hinter dem Lohn muss eine verkäufliche Leistung stehen, und er muss sich an der wirtschaftlichen Leistungsfähigkeit der Arbeitnehmenden orientieren. Sozialfirmen bestehen zu 50% bis über 90% der Belegschaft aus Behinderten oder Sozialhilfeempfangenden, und sie erwirtschaften einen möglichst großen Anteil ihres Ertrags direkt am Markt durch den Verkauf von Dienstleistungen oder Gütern. Sozialfirmen schaffen unter den obengenannten Bedingungen Arbeitsplätze, die den Angestellten die Chance bieten, sich wieder in eine Stelle im Ersten Arbeitsmarkt hochzuarbeiten, und sie müssen sinnvolle Arbeit bereitstellen.

Dies setzt eine Geschäftsidee voraus. Im Unterschied zu herkömmlichen Firmen ist jedoch nicht der Markt allein bestimmend für diese Idee. Es genügt nicht, eine Marktnische gefunden zu haben, denn nicht jede Marktnische eignet sich für eine Sozialfirma.

Sozialfirmen sind erheblichen Einschränkungen in ihren wirtschaftlichen Möglichkeiten unterworfen. Am stärksten eingeschränkt sind Sozialfirmen für Arbeitslose, denn per Definition fehlt es diesen Menschen ja an nichts anderem als an Arbeit, weshalb die Konkurrenzgefahr eine viel größere Rolle spielt. Die Markttätigkeit einer Sozialfirma darf eine herkömmliche Firma nicht massiv benachteiligen. Wenn also eine Sozialfirma beispielsweise für ein großes Mode-Label produzieren würde, dann könnte sich eine herkömmliche Firma konkurrenziert fühlen, wenn auch sie in dieser Nische tätig sein möchte. Der Konkurrenzkampf, vielgepriesener Motor in der freien Wirtschaft, darf zwischen dem Ersten und dem Zweiten Arbeitsmarkt nicht spielen. Vielmehr ist ergänzende Zusammenarbeit gefragt.

Wer eine Sozialfirma am Markt positionieren möchte, tut also gut daran, schon in der Phase der Evaluation der Geschäftsidee das Gespräch mit Gewerbeverbänden und der potentiellen Konkurrenz zu suchen und gemeinsam zu versuchen, Betätigungsfelder für die Sozialfirma abzustecken und mögliche Formen der Zusammenarbeit zu diskutieren. Die Erfahrung zeigt, dass die Abgrenzungen zwischen dem Ersten und dem Zweiten Arbeitsmarkt nicht so scharf sind. Es gibt durchaus Sozialunternehmen, die am Markt mit derselben Wertschöpfung tätig sind wie herkömmliche Unternehmen und die für sich einen Markt gefunden haben, der eigentlich auch von einer regulären Firma wahrgenommen werden könnte. So gibt es im Behindertenbereich Sozialunternehmen, die klar gewerblich ausgerichtet sind; typisch sind zum Beispiel Bäckereien, Wäschereien, Hotels, Restaurants, Gärtnereien oder Ähnliches. Streng genommen konkurrenzieren solche Firmen potentielle reguläre gewerbliche Unternehmen, meist gibt es jedoch Absprachen, durch die ein Betätigungsfeld für die Sozialfirma abgesteckt wurde.

Für Langzeitarbeitslose sind kleinere gewerbliche Betriebe schwieriger zu realisieren. Dies hängt einerseits damit zusammen, dass solche Betriebe am Anfang meist erhebliche bauliche und maschinelle Investitionen erfordern, die sich in der Regel nur auf wenige Arbeitsplätze verteilen lassen. Es ist deutlich schwieriger, viel Investitionskapital für wenige Arbeitsplätze im

Bereich der Langzeitarbeitslosen zu finden. Andererseits werden gewerbliche Sozialfirmen für Ausgesteuerte leichter als Konkurrenz wahrgenommen, sie stoßen eher auf Widerstand als solche im Behindertenbereich. Zudem ist die kritische Größe für gewerbliche Sozialfirmen rasch erreicht. Diese bieten deshalb oft Ausbildungsplätze in Form von Anlehren an. So stellen sie sicher, dass ihr Angebot vielen Personen zugutekommt.

Für die Zielgruppe der Langzeitarbeitslosen liegt es näher, sich auf industrielle oder industrienahe Arbeiten zu konzentrieren, die im eigenen Land nicht mehr kostendeckend erbracht werden können. In diesem Segment gibt es große Mengen an Arbeit, und es birgt ein beträchtliches Potential an Arbeitsplätzen für Sozialfirmen. Deshalb spezialisieren sich einige von ihnen im Bereich der Ausgesteuerten auf Teilfertigungsschritte der Industrie, die ansonsten aus Kostengründen ins Ausland ausgelagert werden müssten. Verschiedene Untersuchungen zeigen, dass sich die Geschäftsbereiche von Sozialfirmen oft sehr ähnlich sind und sich häufig von den sozialen Zielen dieser Unternehmen ableiten lassen. Typischerweise gehören die Qualitätskontrolle, einfache Handmontagen, die Nachbearbeitung von Spritz- oder Druckgussteilen oder Umkonfektionierungen zu den Geschäftsfeldern derartiger Firmen. Typisch für die Zielgruppe von Ausgesteuerten sind auch Recyclingaufgaben wie die Schad- und Wertstoffentfrachtung von Elektro- und Elektronikteilen, Wertstofftrennung im Kunststoffbereich, Bauschutttrennung oder das manuelle Aussortieren von Metallen zur Wiederverwertung.

Bei der Suche nach der richtigen Geschäftsidee muss also immer berücksichtigt werden, was für ein sozialer Effekt angestrebt werden soll. Wenn es in erster Linie um Ausbildung und praktische Arbeit geht, ist eine gewerbliche Geschäftsidee, die ein eher kleineres Unternehmen bedingt, besser geeignet; wenn es aber darum geht, möglichst viele Arbeitsplätze für Ausgesteuerte zu schaffen, dann ist eine industrielle Geschäftsidee zweckmäßiger.

Zusammenfassend kann gesagt werden, dass die Geschäftsidee ein zwar wichtiger, aber nicht der entscheidende Punkt für den Erfolg einer Sozialfirma darstellt. Eine Sozialfirma kann sich nicht damit zufriedengeben, eine gute Geschäftsidee zu finden, und dann jahrelang bei dieser bleiben; sie ist naturgemäß gezwungen, immer wieder flexibel auf den Ersten Arbeitsmarkt zu reagieren und ihre Geschäftsfelder an wechselnden Nischen der freien Wirtschaft neu auszurichten. Das Elektronikschrott-Recycling ist ein Beispiel für diesen Effekt. Während der letzten 10 bis 15 Jahre gehörte die Ausschlachtung von alten Computern und Elektronikinstrumenten zu den typischen arbeitsintensiven Tätigkeiten für Sozialfirmen. Bei guter Optimierung der Abläufe und gutem Training und Führung der Belegschaft war in diesem Bereich genügend Wertschöpfung für Sozialfirmen zu holen. Der technologische Fortschritt hat jedoch dazu geführt, dass heute große Anlagen gebaut werden, die diese Arbeiten maschinell mit nur geringem Personalaufwand zu niedrigeren Kosten ebenso gut ausführen können. Es ist also abzusehen, dass diese Nische für Sozialfirmen mittelfristig wegfallen wird, denn die großen Maschinen wollen ausgelastet werden, auch durch Elektroschrott, der heute noch von Hand demontiert und für die Wiederverwertung vorbereitet wird.

Das heißt, es lohnt sich für Sozialfirmen, nicht nur auf einen Bereich zu setzen, sondern die Geschäftsidee breit abzustützen und in unterschiedlichen Feldern tätig zu sein. So kann die besondere Risikosituation im Zweiten Arbeitsmarkt verringert werden. Die Geschäftsidee liegt also oft nicht in einem Produkt, sondern in einer besonderen Art von Dienstleistung. Sozialfirmen im Industriebereich bieten meist Dienstleistungen an: Sie empfehlen sich als verlängerte Werkbank der regionalen Industrie und sind flexibel in verschiedenen Branchen tätig.

Sozialfirmen können gerade in wirtschaftlich schwierigen Situationen zu wichtigen Partnern für die Industrie werden. Als beispielsweise eine Appenzeller Druckgießerei eine Abteilung schließen musste, weil die Verputzarbeiten dieser Abteilung nicht mehr kostendeckend ausgeführt werden konnten, sprang die Stiftung für Arbeit ein. Wir boten der Firma an, mit unseren Leuten direkt unter dem Dach der Firma zu arbeiten und so die bestehenden Räumlichkeiten weiterhin auszulasten. Für die bisherigen Arbeiter der fraglichen Abteilung wurden intern andere Aufgaben gefunden; nur einer blieb, um unsere Leute anzuleiten und den Wissenstransfer sicherzustellen.

Mit dem Einspringen gewannen nicht nur wir einen für unsere Arbeitnehmenden sehr attraktiven Auftrag und einen neuen treuen Kunden. Er konnte durch uns seine Wettbewerbsfähigkeit bei seinen meist ausländischen Auftraggebern erhalten. Der Betrieb wäre zu klein gewesen, um eine Auslagerung ins Ausland an die Hand nehmen zu können. Die Auslagerung der Verputzarbeiten als schlechtbezahlte Heimarbeit brachte immer wieder Logistik- und Qualitätsprobleme. Indem die Firma den Schritt machen konnte und diejenige Aufgabe an uns abgab, die die meisten anderen ähnlichen Unternehmen schon längst ins Ausland verlagert hatten, gewann sie wieder an Flexibilität und Wettbewerbskraft. Für uns hieß es, vor Ort zu zeigen, dass wir mit unseren beeinträchtigten Mitarbeitenden die Aufträge zwar mit etwas mehr Personal, aber in genügend guter Qualität erledigen konnten. Die Präsenz beim Kunden brachte jedoch auch noch andere Vorteile: Es gelang immer wieder, besonders tüchtige Arbeitnehmende an die Firma als reguläre festangestellte Mitarbeiter zu vermitteln. Für viele unserer Arbeitnehmenden war es sehr wichtig, extern tätig sein zu können und nicht in die Stiftung zur Arbeit gehen zu müssen. Sie fühlten sich fast so, als ob sie direkt beim Kunden angestellt wären, und wir hörten oft, dass sie angaben, nicht bei der Stiftung für Arbeit, sondern in einer Firma der freien Wirtschaft ihren Job zu machen.

Für uns hieß dies, dass wir dafür zu sorgen hatten, dass die Kooperation reibungslos funktionierte, dass alle Beteiligten einander Respekt entgegenbrachten und wir das Vertrauen der

Firma gewinnen mussten. Unsere Erfahrungen zeigen, dass es möglich ist, sehr eng und vertrauensvoll zusammenzuarbeiten und so Situationen zu schaffen, die für beide Seiten gewinnbringend sind.

Das Verhältnis zur Wirtschaft klären

Arbeitsintegrationsprogramme und geschützte Werkstätten operieren heute in der Regel sehr wirtschaftsfern, sie arbeiten mit einem völlig anderen Selbstverständnis als die freie Wirtschaft. Wenn es Kooperationen gibt, sind diese oft geprägt von Missverständnissen und unrealistischen Anforderungen an die jeweils andere Seite. Viele Wirtschaftsunternehmen machen die Erfahrung, dass Arbeitsintegrationsprogramme sehr wirtschaftskritisch sind und sich nicht für ihre Probleme interessieren.

Viele Beschäftigungsprogramme wünschen sich, von der Wirtschaft angefragt zu werden, weil sie eine soziale Mission haben. Sie denken, dass »Gutes zu tun« ein Verkaufsargument ist für Wirtschaftsunternehmen. Wir kennen keinen Kunden, der nur aus sozialen Gründen mit uns zusammenarbeitet; für alle unsere Auftraggeber steht die Qualität unserer Arbeit und unsere Leistung im Vordergrund, auch wenn sie es durchaus zu schätzen wissen, dass sie mit einem Sozialunternehmen zusammenarbeiten, und hin und wieder auch bereit sind, uns bei einem verpatzten Auftrag eine zweite Chance zu geben, weil sie um unsere Situation wissen.

Hier gilt es, Brücken zu bauen und mehr Verständnis zu schaffen, und zwar in erster Linie seitens der Sozialunternehmer. Sie sind auf die Wirtschaft angewiesen, um zu guten Aufträgen für ihre Arbeitnehmer zu kommen, während die Wirtschaft sie viel weniger braucht. Sie kann sich auch mit Auslagerung behelfen. Bei vielen eher unrentablen Arbeiten können sich Wirtschaftsunternehmen zudem überlegen, diese gar nicht mehr auszuführen.

Die Wirtschaftswelt hat sich in den letzten 20 Jahren massiv verändert, während das Sozialwesen im selben Zeitraum weitaus starrer geblieben ist und weniger methodische Entwicklung vollzogen hat. Während im Sozialwesen auch heute noch der Geist der 68er-Bewegung deutlich zu spüren ist und ideologische Auseinandersetzungen immer noch eine wichtige Rolle spielen, hat sich die Wirtschaft ganz anders entwickelt. Fast unbeachtet von der Öffentlichkeit haben sich die Wirtschaftsvertreter aus der Politik und aus dem politischen Engagement zurückgezogen. Während es bis vor 20 Jahren durchaus üblich war, dass sich jemand in einer einflussreichen Position in der Industrie oder im Gewerbe auch politisch engagierte und so in bester Milizmanier einen Teil seines Wissens an den Staat zurückgab, ist dies heute kaum mehr der Fall.

Wirtschaftsunternehmen haben nicht mehr in erster Linie lokale oder nationale Interessen; viele wurden weltweit tätig und mussten sich im Rahmen der Globalisierung von der nationalen politischen Diskussion verabschieden. In der Schweiz waren Unternehmen wie UBS, Novartis oder Nestlé wichtige Vertreter früher Globalisierung. Diese prägten eine neue Verhaltenskultur mit: Sie alle haben am eigenen Leib erfahren, was es heißt, im Kreuzfeuer der öffentlichen Kritik zu stehen, und sie haben gelernt, konstruktiv mit dieser umzugehen und neue Wege der Zusammenarbeit zu finden. Sie wissen um den Stellenwert von guten Beziehungen zur Öffentlichkeit und zu den Regierungen und haben erkannt, dass sie eine politische und soziale Verantwortung tragen. Schlagworte wie »Corporate Governance« oder »Corporate Social Responsibility« geben einen Eindruck von den Überlegungen und dem Wandel im Selbstverständnis dieser globalisierten Unternehmen. Das soziale Engagement großer international tätiger Firmen findet jedoch oft im Ausland statt, in der Schweiz wird ihm wenig Beachtung geschenkt. So hat beispielsweise die Firma Novartis im Januar 2008 in Mumbai den Reader's Digest Pegasus CSR Gold Award entgegennehmen können für ihr Engagement im Kampf gegen Lepra. Seit dem Jahr 2000 hat Novartis in enger Zusammenarbeit mit der WHO ein Programm aufgebaut, in dessen Rahmen Lepramedikamente gratis abgegeben wurden. Nach Ablauf von sieben Jahren konnten 4,5 Millionen Heilungen von Leprakranken verzeichnet werden. Das Beispiel ist willkürlich herausgegriffen, doch es zeigt, dass sich bei globalisierten Unternehmen punkto sozialer Verantwortung einiges verändert hat. Man mag einwenden, dass dieses Engagement primär aus Imagegründen geschieht. Aber man wird auch zugeben müssen, dass zurzeit von weltweit tätigen Unternehmen erhebliche Anstrengungen unternommen werden, um soziale Verantwortung wahrzunehmen – aus welchen Gründen auch immer. Klaus Leisinger, Präsident der Novartis Stiftung für nachhaltige Entwicklung, hat anlässlich der obenerwähnten Preisverleihung die Haltung des Unternehmens auf den Punkt gebracht, indem er sagte, dass der Zeitpunkt gekommen sei, um in einer gemeinsamen Anstrengung, in einer »coalition of committed partners«, zu denen Regierungen ebenso wie NGOs gehörten, eine Lösung für die Ausrottung der Krankheit Lepra zu finden. Eine solche Koalition von verbindlichen Partnern gilt es auch zwischen Sozialfirmen und Wirtschaftsunternehmen zu etablieren.

Wir haben die Erfahrung gemacht, dass Wirtschaftsunternehmen, ungeachtet dessen, ob es sich dabei um große, internationalisierte Firmen oder lokale Kleinunternehmen handelt, häufig offen sind für partnerschaftliche Modelle der Zusammenarbeit. Allerdings erwarten sie von ihren Partnern Offenheit und Fairness. Partnerschaft erfordert Vertrauen und Interesse für den anderen. Arbeitsintegrationsprogramme, die näher mit der Wirtschaft zusammenarbeiten wollen, sollten im Vorfeld gründlich überlegen, wie ihr Verhältnis zu dieser wirklich ist. Sie müssen vorgängig selbstkritisch klären, ob und welche Vorurteile sie gegenüber Wirtschaftsunternehmen haben und wie viel sie über deren Alltag wissen. Und sie müssen sich fragen, ob sie tatsächlich mehr über die Probleme und Herausforderungen von Wirtschaftsunternehmen erfahren wollen oder ob sie stillschweigend davon ausgehen, dass diese dazu verpflichtet sind, ihnen zu helfen, soziale Probleme zu lösen. Umetikettierungen zu Sozialfirmen ohne tiefgreifenden Wandel werden rasch als solche erkannt; sie führen selten zu tragfähigen Partnerschaften mit der Wirtschaft.

Neuausrichtung wie ein Start-up planen

Die Neuausrichtung eines Arbeitsintegrationsprogramms zu einer Sozialfirma bedarf also einer sorgfältigen Planung. In dieser Hinsicht unterscheiden sich Sozialfirmen nicht von anderen Wirtschaftsunternehmen. Profunde Businesspläne sind unabdingbar, denn auch beim Start-up einer Sozialfirma ist Geld im Spiel. In der Regel kommt das Geld dafür heute nicht von Banken, sondern von der öffentlichen Hand, von Sozialversicherungen oder von Stiftungen.

Für die Planung des Start-ups einer Sozialfirma können ganz normale Businessplanvorlagen verwendet werden, wie sie viele Banken gratis im Internet zum Herunterladen anbieten. Generell ist zu berücksichtigen, dass der Umsatz am Markt pro gearbeitete Stunde bei einem Unternehmen mit einer geringen Beschäftigtenzahl höher sein muss als bei einer Firma mit vielen Beschäftigten, da bei kleinen Betrieben die Overheadkosten pro Kopf höher liegen. Bei industriell ausgerichteten Sozialfirmen gilt die Devise »think big«, denn sie sind erst ab einer gewissen Größe wirtschaftlich sicher zu betreiben. Sozialfirmen mit wenigen Angestellten können kaum rentabel geführt werden. Wir haben viel gerechnet und kommen dabei auf eine Faustregel, die besagt, dass industrielle Sozialfirmen für ausgesteuerte Langzeitarbeitslose erst mit mehr als 80 Beschäftigten so aufgebaut werden können, dass sie langfristig überlebensfähig sind.

Art der Unternehmung

Viele Programme, die sich neu ausrichten wollen, verfallen darauf, die Firma auf mehreren Sparten aufzubauen. Sie betreiben Abteilungen mit Arbeitslosen, die über die Arbeitslosenversicherung bezahlt werden, solche für Ausgesteuerte, die von der Sozialhilfe leben, und manche bieten auch geschützte Arbeitsplätze für Arbeitnehmende mit einer IV-Rente an. Solche Kombinationen können finanziell sehr vorteilhaft sein. Führungsmäßig sind solche Sozialfirmen jedoch höchst anspruchsvoll, besonders wenn alle Sparten unter einem Dach arbeiten. Solche kombinierten Modelle ermöglichen zwar eine gute Finanzierungsbasis, sie stehen einer konsequenten unternehmerischen Marktausrichtung jedoch oft im Weg. Dies hat damit zu tun, dass das Anreizsystem über den Lohn nicht spielen kann und die Integrationsziele für die Belegschaft zu unterschiedlich sind. Während die einen einfach langfristig beschäftigt werden müssen, bleiben die anderen nur wenige Wochen im Betrieb, und lediglich die dritte Gruppe verfolgt das Ziel der Reintegration in den Ersten Arbeitsmarkt.

Wer noch im Rahmen der Arbeitslosenversicherung versichert ist, bekommt ein Taggeld, das sich am Lohn der vorherigen Tätigkeit orientiert und nicht an der Leistung in der Sozialfirma. Wer eine IV-Rente bezieht, darf nur sehr wenig Geld dazuverdienen, um nicht die Rentenberechtigung der IV zu verlieren und noch einmal einen neuen Antrag stellen zu müssen. Der Lohn ist für Sozialfirmen ein äußerst wichtiges Messinstrument, daran lässt sich Leistung und Zuverlässigkeit sehr leicht ablesen. Wenn der Lohn ausbezahlt wird, egal ob man sich dafür angestrengt hat oder nicht, demotiviert dies vor allem die Leistungswilligen.

Wer einen Businessplan schreibt, muss also zuerst Klarheit schaffen über die Art und Weise sowie die Größe des geplanten Unternehmens. Die Vorstellung: »Wir fangen zuerst einmal klein an und sehen dann, wie es weitergeht«, hat zwar auch schon funktioniert. Eine detaillierte und konkrete Planung ist jedoch verantwortungsbewusster und erfolgversprechender; denn auch ein Unternehmensaufbau im Zweiten Arbeitsmarkt erfordert Geld, und Geldgeber verlangen eine seriöse Planung. Verantwortungsbewusste Sozialunternehmer wissen deshalb um den Stellenwert einer sorgfältigen Unternehmensplanung.

Produkte und Dienstleistungen

Für ein Start-up lohnt es sich, die Produkte und Dienstleistungen der geplanten Sozialfirma genau zu überdenken. Die meisten Sozialfirmen legen großen Wert darauf, ihren Arbeitnehmenden sinnvolle Tätigkeiten anzubieten. Dafür muss entschieden werden, welche Aufgaben diese Bedingung erfüllen. Viele Programmleiterinnen und Programmleiter gehen davon aus, dass eine Arbeit dann besonders sinnvoll ist, wenn möglichst viel Kreativität mit im Spiel ist. Diese Vorstellung hat dazu geführt, dass zahlreiche Beschäftigungsprogramme sehr phantasievolle Produkte generiert haben, die sie zusammen mit ihren Beschäftigten herstellen. Die Palette reicht von Schmuck aus farbigen Filzkugeln über Warmhaltesets aus Fahrradkränzen bis hin zu handgespalteten ökologischen Holzstäbchen zum Entfachen von Feuern. In all diesen Produkten steckt viel Handarbeit und Liebe.

Beim Verfassen eines Businessplans zeigen solche Produkte jedoch, dass sie oft nicht in Massen produziert und verkauft werden können, was mit anderen Worten heißt, dass sich mit ihnen kaum Geld verdienen lässt. Ein Rechenbeispiel: Angenommen, in der Herstellung von Halsketten aus farbigen Filzkugeln im Rahmen der nötigen Arbeitsschritte – von der Färbung der Wolle über die Verfilzung bis zum Aufziehen auf den Trägersilch und die saubere Montage des Verschlusses – stecken drei Stunden Arbeit. Bei einem angenommenen Stundenlohn von 20 CHF (rund 13 EUR) und zusätzlichen 5 CHF (rund 3,30 EUR) für das Marketing und den Verkauf der Kette betrüge der Verkaufspreis

65 CHF (rund 43 EUR) – wohlbemerkt ohne jegliche Handelsmarge. Es müssten also über 50 solcher Ketten pro Monat verkauft werden, um damit eine Person Vollzeit beschäftigen zu können, bei zehn Angestellten müsste die Produktion schon 500 Stück pro Monat betragen.

Selbst wenn es tatsächlich gelänge, eine solche Filzkettenproduktion in der Schweiz aufzubauen, und diese mit einem exzellenten Marketing versehen werden könnte, dann ist leicht abzusehen, dass mit solchen Produkten nur wenige Personen beschäftigt werden können und rasch eine Marktsättigung erreicht ist. Die Entwicklung ständig neuer Produkte ist zwar eine spannende Aufgabe, jedoch zu teuer und zu aufwändig für Sozialfirmen, zumal diese Arbeit von ausgebildetem Fachpersonal und nicht von Langzeiterwerbslosen erbracht werden muss, was die Kosten für die Firma wieder in die Höhe treibt.

Viele Besucher, die Beschäftigungsprogramme mit ähnlichen Produkten wie oben beschrieben betreiben, fragen uns, ob die simple serielle Nachbearbeitung von Gussteilen für die Automobilindustrie nicht als stupide erlebt werde. Wir raten diesen Besuchern jeweils, unsere Angestellten direkt zu fragen, wie sie ihre Arbeit empfinden. Überrascht stellen sie jeweils fest, dass das serielle Verputzen von den allermeisten als sinnvoll erlebt wird; nicht, weil es besonders spannend und abwechslungsreich in der Ausführung ist, aber weil die Arbeit wirklich gebraucht wird. Hinter den Gussteilen stehen ein Kunde, der auf das Erzeugnis wartet, und ein Produkt, das alle verstehen. Wer für ein Auto Teile nachbearbeitet, leistet einen wichtigen Beitrag und ist Teil einer Produktionskette, für die eine Nachfrage besteht. Dieser Aspekt kann mit einem kreativeren Produkt, hinter dem kein klares Bedürfnis steckt und dessen Absatz unsicher ist, viel weniger abgedeckt werden. Unsere Arbeitnehmenden betonen immer wieder, wie wichtig es ist, dass ihr Einsatz wirklich gebraucht wird. Das ist es, was sie zur Leistung anspornt, nicht die Kreativität der Tätigkeit.

Bei der Festlegung der Produkte und Dienstleistungen für eine angehende Sozialfirma sind eingehende Überlegungen nach der Art der Arbeit unabdingbar. Arbeit hat in einem Integrationsunternehmen eine ganz besondere Aufgabe: Sie soll die Menschen befähigen, die eigene Leistungsfähigkeit wieder wahrzunehmen und auszubauen, und sie soll die Langzeitarbeitslosen in ein System integrieren und ihnen die Möglichkeit geben, wieder autonomer darin zu agieren. Dabei ist zwischen Arbeit und Beschäftigung deutlich zu unterscheiden. Beschäftigung, verstanden als Tätigkeit um ihrer selbst willen, quasi zum Zeitvertreib, hat wenig integrierende Kraft. Wenn also eine Sozialfirma aus Beschäftigungsgründen Briefumschläge für einen Großversand von Hand abpacken lässt, während im Nebenzimmer eine funktionstüchtige Verpackungsmaschine steht, die dieselbe Arbeit in zwei Stunden erledigt, dann ist dies nicht eben motivierend. Wenn jedoch eine als Sozialunternehmen organisierte Biobäckerei die Teiglinge von Hand formen und kneten lässt, obwohl es dafür Maschinen gäbe, dann schafft sie damit einen Mehrwert, den sie sogar verkaufen kann, denn viele Kunden sind bereit, für Handarbeit etwas mehr zu bezahlen.

Bei der Herstellung eines Produkts soll es um Arbeit gehen, nicht um Beschäftigung. Wir sind davon überzeugt, dass es kränkend und demotivierend ist, mit einer Aufgabe »beschäftigt« zu werden, die viel einfacher durch eine Maschine erledigt werden kann, oder ein Produkt herzustellen, das am Schluss kaum Abnehmer findet. Bei der Wahl der Dienstleistung oder des Produktes soll also in erster Linie auf den Absatz geachtet werden und darauf, dass es gelingt, die Arbeit der Ausgesteuerten in eine Wertschöpfungskette einzureihen.

Der Markt

Für Start-ups ist es generell empfehlenswert, schon in der Planungsphase nahe genug an den Markt heranzugehen und ihre potentiellen Kunden möglichst gut kennenzulernen. Sie finden ihre Marktnischen an den Rändern der freien Wirtschaft, und es gehört zu ihrer Aufgabe, sich dort immer wieder neu und möglichst optimal zu positionieren. Sozialfirmen gehören zum Zweiten Arbeitsmarkt, da sie subventioniert sind. Ihre Marktnischen sind deshalb der freien Wirtschaft nachgelagert. Es ist von großer Wichtigkeit, dass Sozialfirmen darauf achten, dass der Wettbewerb durch sie nicht störend beeinflusst wird und dass die staatlichen Subventionen den Marktmechanismus nicht außer Kraft setzen.

Da Angebot und Nachfrage einem ständigen Wandel unterworfen sind, ist es verständlich, dass sich auch die Märkte für Sozialfirmen immer wieder verändern. Auch Sozialfirmen müssen sich diesen Fährnissen des Marktes voll aussetzen. Es ist von Vorteil, wenn es den Verantwortlichen rasch gelingt, die Vorstellung abzuschütteln, dass im Fall einer sinkenden Auftragslage einfach auf Defizitgarantien des Staates zurückgegriffen werden kann, um die wirtschaftlichen Probleme abzufedern. Wir unterstreichen diesen Punkt, weil zu viel Sicherheit unternehmerisch träge macht und heute viele unternehmerisch sinnvolle Aktivitäten nicht umgesetzt werden, weil das Überleben der Institution durch Defizitgarantien abgesichert ist.

Arbeitsintegrationsunternehmen, die am Markt operieren, müssen versuchen, mit ihrer Geschäftstätigkeit den Spielraum der freien Wirtschaft durch ein geschicktes Zusammenspiel zu erweitern. In der Regel fokussieren deshalb viele gewerbliche Integrationsbetriebe auf wenig qualifizierte handarbeitslastige Aufgaben. Sie suchen ihre Marktnische beispielsweise in der Herstellung von besonders arbeitsintensiven hochwertigen Lebensmitteln (Belieferung von Bioläden, Spezialbrotherstellung) oder von arbeitsintensiven Produkten (Holzspielzeugherstellung);

im Dienstleistungsbereich konzentrieren sie sich häufig auf Angebote, die kaum Facharbeit verlangen und deswegen von Fachbetrieben ungern ausgeführt werden (Gartenhilfsarbeiten, Bauhilfsarbeiten, schwierige Räumungen etc.).

Die Marktnischen für Sozialfirmen können jedoch nicht vom Bürotisch aus eruiert werden. Es ist absolut unerlässlich, in einen Dialog mit der Wirtschaft zu treten und gemeinsam nach Möglichkeiten zu suchen, die beiden Beteiligten einen möglichst optimalen Nutzen bringen. In einem zweiten Schritt geht es dann darum, verbindliche Absprachen zu treffen. So kann mit einem Gewerbeverband das Angebot einer gewerblichen Sozialfirma Schritt für Schritt ausgehandelt werden, und es ist möglich, Grenzen abzustecken. Gewerbetreibende verstehen die Logik des Marktes, und wenn sie sehen, dass sich auch subventionierte Sozialunternehmen am Markt orientieren und bereit sind, besondere Spielregeln festzulegen, sind sie meist gewillt, eine verlässliche Kooperation einzugehen.

Verständlicherweise möchten sie auch wissen, woher der Wind weht, wie groß die Expansionspläne der Sozialfirma wirklich sind und was sie von der Sozialfirma zu befürchten haben und was nicht. Die Abmachungen zur Zusammenarbeit müssen auch auf die Wirtschaftslage Rücksicht nehmen. Bei prosperierender Wirtschaft sind die Spielräume für Sozialfirmen größer als in schwierigen Wirtschaftsverhältnissen. Sozialunternehmer tun deshalb gut daran, andere Marktteilnehmer möglichst offen, regelmäßig und verlässlich über ihre Aufträge zu informieren und so eine Vertrauensbasis zu schaffen.

Sozialfirmen sind gegenüber Betrieben der freien Wirtschaft keine Konkurrenzunternehmen, sondern Dienstleister. Es ist sehr wichtig, dass ergänzende, einander bereichernde Formen der Kooperation und der Marktaufteilung gefunden werden. So kann es für einen Abbruchunternehmer sehr hilfreich sein, wenn er für periodisch anfallende Sortierarbeiten im Zusammenhang mit Rückbauten auf Leute aus Sozialfirmen zurückgreifen kann. Dies ermöglicht es ihm, sein eigenes Personal besser einzusetzen und auch Aufträge zu akquirieren, die wenig Qualifikationen verlangen, und dafür so lange Arbeitnehmende der Sozialfirma einzusetzen, bis er in der Lage ist, selbst feste Stellen zu schaffen.

Nicht nur im gewerblichen, sondern besonders auch im industriellen Bereich lassen sich hervorragende Arten der Zusammenarbeit finden, von denen alle Beteiligten profitieren. Der Wirtschaftsbetrieb kann Spitzen brechen und muss dafür sein Personal nicht übermäßig beanspruchen, die Sozialfirma bekommt zeitlich befristete Möglichkeiten für ihre eigenen Leute, um in einem regulären Arbeitsprozess mitzuarbeiten – ein gerade in Hochkonjunkturzeiten wichtiger Markt. Damit werden auch die Chancen für eine Festanstellung im Betrieb des Auftraggebers oder in einem anderen Betrieb verbessert und die Grenzen zwischen dem Ersten und dem Zweiten Arbeitsmarkt durchlässiger.

Die Schwankungen, die durch das Brechen von Auftragsspitzen entstehen, muss die Sozialfirma durch regelmäßige Aufträge oder solche in großen Stückzahlen ausgleichen, die vor Ort bearbeitet werden. Auch dies ist ein Grund dafür, weshalb besonders größere Sozialfirmen in der Regel in verschiedenen Märkten tätig sind. Es ist eine Kernaufgabe von derartigen Betrieben, die Arbeit und die Aufträge so zu akquirieren, dass flexible, sich verändernde Arbeitseinsätze möglich sind. Dadurch wird auch die Flexibilität der Arbeitnehmenden gefördert. Neben der Zuverlässigkeit ist die Flexibilität eine der wichtigsten Anforderungen, die ungelerntes Hilfspersonal im Ersten Arbeitsmarkt benötigt, weshalb es dieses durch einen ansprechenden Auftragsmix zu fördern gilt.

Es ist möglich, größere Sozialfirmen nach demselben Muster in verschiedenen Regionen eines Landes aufzubauen. Durch die dadurch entstehenden Synergien können andere, größere Aufträge erschlossen werden, und es kann so leichter gelingen, eine ausgeglichene Auslastung des Personals zu erreichen.

Generell müssen sich Sozialfirmen Nischen suchen, die sich ihnen im Rahmen der freien Wirtschaft bieten. Dies bedeutet jedoch nicht, dass sie auf eine geplante Entwicklung ihrer Marktposition verzichten müssen. Sie können ihr ganz eigenes Profil entwickeln und darin wachsen. Allerdings müssen sie darauf achten, dass sie ihren Markt nicht überbewirtschaften und dadurch andere Marktteilnehmer benachteiligen.

Die Marktstellung einer Sozialfirma kann und soll nie starr sein. Sie kann es sich nicht leisten, auf ihrer Position im Markt zu beharren. Die Toleranzgrenze für den Handlungsspielraum von Sozialfirmen variiert und ist nicht mit objektiven Kriterien allein eruierbar. Generell lässt sich jedoch feststellen, dass eine gute Vertrauensbasis mit dem gewerblichen, industriellen und politischen Umfeld den besten Boden für einen großen Handlungsspielraum einer Sozialfirma ergibt.

Konkurrenz

Der Zweite Arbeitsmarkt ist immer noch etwas konkurrenzungewohnt. Er entwickelte sich aus dem Gedankengut der sozialen Marktwirtschaft heraus und verweist auf das Recht auf Arbeit. Unter diesem Recht versteht man jedoch nicht einen individuellen Anspruch auf einen Arbeitsplatz, sondern freie Berufswahl, Schutz vor unverschuldeter Arbeitslosigkeit und die Zusicherung, unter würdevollen Verhältnissen arbeiten zu können. Sozialistische Ideale einer Arbeit für alle waren weitaus prägender für die Entwicklung des Zweiten Arbeitsmarktes als die Vorstellung, dass dieser sich an einem freien Markt orientiert. Etwas überspitzt könnte man sagen, dass der Zweite Arbeitsmarkt die Lücke zur Vollbeschäftigung auffüllen und denjenigen Beschäftigung anbieten sollte, die im Ersten Arbeitsmarkt, also in der freien Wirtschaft, keine finden können.

Der Zweite Arbeitsmarkt ist subventioniert. Dies ist sein deutlichstes Merkmal. Er bekommt Zuschüsse für die Beschäftigung von Personen, die keine Stelle im Ersten Arbeitsmarkt finden können. Diese Zuschüsse können staatlich sein, oder aber von einer Sozialversicherung kommen. Viele Arbeitsintegrationsprogramme erhalten so hohe Zuschüsse, dass sie kaum mehr Geld am Markt verdienen müssen, um zu überleben.

Dies wurde so eingerichtet, weil man sichergehen wollte, dass Arbeitsintegrationsmaßnahmen den Ersten Arbeitsmarkt nicht konkurrenzierten. Die Erfahrungen der letzten Jahrzehnte haben aber gezeigt, dass diese Marktentflechtung auch eine Marktferne mit sich brachte, die dazu führte, dass der Zweite Arbeitsmarkt bezüglich Rückführung in den Ersten Arbeitsmarkt nicht mehr sehr effizient arbeitete. Es wurden immer wieder Klagen laut, der Zweite Arbeitsmarkt sei das viele Geld nicht wert, das in ihn investiert wurde. Alle bisherigen Effizienzsteigerungsmaßnahmen des Zweiten Arbeitsmarktes konnten diese Vorwürfe bislang nicht entkräften.

Im Zweiten Arbeitsmarkt ist die Vorstellung prägend, dass Beschäftigung und Qualifikation die wichtigsten Instrumente zur Arbeitsintegration sind. Aus einer linken Denktradition heraus identifizieren sich viele Anbieter von Arbeitsintegrationsprogrammen mit dem Schicksal der Erwerbslosen. Arbeitslosigkeit erscheint vielen als etwas, das durch die Arbeitgeber mit ein wenig gutem Willen zu verhindern gewesen wäre. Gerade im Bereich der Anbieter von Arbeitsintegrationsprogrammen herrscht noch die Vorstellung, dass eine Vollbeschäftigung möglich wäre, wenn dies nur alle Unternehmer und Firmenchefs wollten.

Vor diesem Hintergrund kam es zu einer Entfremdung zwischen den Anbietern von Arbeitsintegrationsmaßnahmen und den Arbeitgebern der freien Wirtschaft. Die Umwälzungen der 1990er Jahre, die deutlich machten, dass die Vollbeschäftigung auch als Modell nicht mehr taugte, weil sich zu viele Parameter nachhaltig verändert hatten, erreichten den Zweiten Arbeitsmarkt nur langsam. Man weigert sich bis heute zu glauben, dass die Vorstellung einer stabilen und steuerbaren Wirtschaft vorbei und die lebenslange und bruchfreie Beschäftigung längst nicht mehr der Normalfall ist. Es ist höchste Zeit einzusehen, dass der soziale Kapitalismus die Scherkräfte und die Verwerfungen der wirtschaftlichen Veränderungen nicht mehr aufzufangen vermag und wir damit rechnen müssen, dass die alten Rezepte des Zweiten Arbeitsmarktes in vielerlei Hinsicht angepasst werden müssen.

In der aktuellen Situation gelangen die Arbeitsintegrationsmaßnahmen von zwei Seiten her unter Konkurrenzdruck. Auf der einen Seite steht der Staat, vertreten durch die Sozialversicherungen. Sie können mit den bisherigen Finanzierungsschlüsseln den steigenden Bedarf nicht mehr decken. Günstigere Programme werden es deshalb in Zukunft leichter haben, zu staatlichen Fördergeldern zu kommen. Auf der anderen Seite steht der Markt. Der Druck, am Markt mehr Geld durch direkte Wertschöpfung zu verdienen, steigt deutlich an. Dies stellt die Arbeitsintegrationsprogramme auch untereinander in eine verschärfte Konkurrenzsituation. Der Konkurrenzkampf um die Gewinnung von Aufträgen wird härter werden. Für die Verantwortlichen bedeutet dies, dass sie sich sowohl um staatliche Gelder als auch um ihre Wertschöpfung am Markt noch intensiver bemühen müssen. Diese Entwicklung zeichnet sich in der Schweiz erst in Ansätzen ab, in Deutschland ist sie bereits weiter fortgeschritten.

Verantwortliche von Arbeitsintegrationsprogrammen sollten sich eingehende Gedanken zur Konkurrenzsituation machen, in der sie stehen. Auch für angehende Sozialfirmen ist es unerlässlich, ihre größten Konkurrenten zu kennen und genau zu wissen, wie sie sich von ihnen zu unterscheiden gedenken. Es wirkt zudem entlastend, wenn man beginnt, andere Anbieter von Arbeitsintegrationsmaßnahmen als Konkurrenten zu sehen und nicht nur als Kollegen, die an anderen Arbeitsorten tätig sind. Dies erspart Überraschungen, wenn sich andere tatsächlich als Konkurrenten gebärden und nicht als Freunde, die einander immer und überall in die Karten und in die Bücher schauen lassen. Eine allfällige Zusammenarbeit muss klar geregelt und abgesprochen sein. Die meisten Arbeitsintegrationsprogramme haben Austauschforen und Arbeitsgemeinschaften mit anderen Anbietern geschaffen; diese sind sehr wertvoll für den Betrieb und dürfen nicht leichtfertig aufs Spiel gesetzt werden. Dennoch ist es unabdingbar, dass Integrationsprogramme, die näher an den Markt herangehen möchten, andere Integrationsprogramme auch als Konkurrenz wahr- und ernst nehmen.

Der Zweite Arbeitsmarkt ist stolz darauf, unter sich gute und faire Formen der Zusammenarbeit entwickelt zu haben; diese gilt es zu erhalten. So ist es durchaus sinnvoll, dass Sozialfirmen sich untereinander nicht das Wasser abgraben und einander mit Tiefstpreisen unterbieten. Es ist jedoch nicht einzusehen, warum ein Kunde, der mit verschiedenen Sozialfirmen zusammenarbeitet, nicht zu demjenigen wechseln sollte, der den zuverlässigsten und besten Service bietet. Konkurrenz anzuerkennen heißt also auch, besser sein zu wollen als die Konkurrenz.

Mehr Geld am Markt verdienen zu wollen bedeutet zudem, die Markttätigkeit auszudehnen, räumlich, hinsichtlich der Branche oder des Umsatzes beim selben Kunden. Hierzu ist es nötig, auch potentielle Konkurrenz zu erkennen und sich zu überlegen, wie ihr zu begegnen ist.

Konkurrenz spielt heute beispielsweise im Bereich des Elektronikschrott-Recyclings. Unzählige Anbieter aus dem Zweiten Arbeitsmarkt bieten heute die manuelle Schad- und Wertstoffentfrachtung von Elektronikgeräten als Dienstleistung an. Viele Anbieter können nur sehr geringe Mengen von Recyclinggut bewältigen oder kämpfen mit Qualitätsproblemen. Außerdem befindet sich das Elektronikschrott-Recycling in einer Spirale des Preiszerfalls.

Die Recyclingunternehmen, in deren Auftrag die Entfrachtung ausgeführt werden soll, sehen sich heute mit einer Vielzahl von Kleinunternehmen konfrontiert, die an unterschiedlichsten Orten die Entfrachtung vornehmen wollen. Für Sozialfirmen, die sich klar als Konkurrenten verstehen, aber dennoch kooperieren wollen, bieten sich verschiedene Möglichkeiten der Zusammenarbeit, um die Abläufe und somit ihre Wertschöpfung zu optimieren. So könnten sich beispielsweise verschiedene Anbieter für einen Auftrag zusammenschließen und die Qualität und die Abläufe so aufeinander abstimmen, dass sich die Anlieferung für den Auftraggeber mehr lohnt und eine größere Wertschöpfung möglich ist; oder ein eingehendes Gespräch mit dem Recyclingunternehmen, das die Entfrachtungsaufträge vergibt, könnte Wege aufzeichnen, wie die Zusammenarbeit für alle Beteiligten optimiert werden kann.

Sozialfirmen können entscheiden, ob sie sich allein dem Kunden gegenüber vorteilhafter positionieren und seine Bedürfnisse zufriedenstellender erfüllen wollen als andere, oder ob sie Kooperationen mit anderen Sozialfirmen suchen, um ihr Angebot zu verbessern. Es ist denn auch nichts einzuwenden gegen qualitativ bessere Dienstleistungen und eine Arrondierung der Aufträge. Im Bereich einer Zusammenarbeit sind unzählige Möglichkeiten offen, und hier wird in Zukunft auch vermehrt die Konkurrenz ins Spiel kommen. Wir sind davon überzeugt, dass Sozialfirmen die Fähigkeit haben, gerade aus ihrem traditionell partnerschaftlichen und rücksichtsvollen Umgang miteinander Vorteile für eine gute Zusammenarbeit im Konkurrenzumfeld zu ziehen. Sozialfirmen können viel voneinander lernen, und es ist sicher von großem Nutzen für alle, wenn vermehrt neue Plattformen des Austausches entstehen.

Eine klare Definition der eigenen Rolle sowie eine selbstkritische Fokussierung auf die eigene Position im Konkurrenzumfeld werden für Sozialfirmen in Zukunft erfolgsentscheidend sein. Voraussetzung ist, dass Sozialfirmen radikal Abschied nehmen von der Vorstellung, dass im Zweiten Arbeitsmarkt keine Konkurrenz möglich ist und Sozialfirmen edler veranlagt sind als herkömmliche Firmen. Wenn wir davon ausgehen, dass es in Zukunft zu einem härteren Verteilkampf und zu einem engeren finanziellen Korsett für Integrationsunternehmen kommen wird, dann gilt es, faire, verbindliche Strategien zu finden, um das eigene Unternehmen im veränderten Umfeld möglichst stark und zukunftsfähig zu positionieren.

Marketing

Die meisten größeren Arbeitsintegrationsprogramme wissen um den Stellenwert des Marketings, viele betreiben bereits eigene Marketingabteilungen. Bei näherer Betrachtung fällt jedoch auf, dass vielerorts ein eher oberflächliches Verständnis von Marketing herrscht. Marketing wird oft verstanden als Kosmetik im Zusammenhang mit dem Erscheinungsbild eines Unternehmens, das sich meist in Form von mehr oder weniger zielgruppengerecht gestalteten Broschüren oder Internetauftritten zeigt. Wir beobachten oft, dass Unmengen von Geld in das Erscheinungsbild gesteckt werden; unzählige Graphiker werden beschäftigt, die in immer neuen, moderneren Layouts Broschüren über die Produkte der Unternehmen herstellen, ohne dass dahinter ein durchdachtes Marketingkonzept steht, das die Unternehmensentscheidungen auch wirklich tangiert. Oft wirken Drucksachen und Webauftritte weitaus professioneller und versprechen mehr, als die Firmen einlösen können.

Auf dem Weg zur Sozialfirma muss das Marketing ein größeres Gewicht erhalten; es muss umfassender und folgenreicher im Unternehmen verankert werden, als dies oft der Fall ist. Sozialfirmen brauchen ein Marketing, das sich als Prozess der konsequenten Ausrichtung aller Unternehmensentscheidungen auf den Markt versteht. Um zum Erfolg beizutragen, muss es alle Bereiche der Unternehmensführung durchdringen.

Sozialfirmen verfolgen zwei Ziele, ein soziales und ein unternehmerisches. Im Hinblick auf ein Marketingkonzept gilt es, diese für das Unternehmen klar auszuformulieren. Das soziale

Ziel einer Sozialfirma für Langzeitarbeitslose könnte folgendermaßen lauten: Längerfristige, arbeitsmarktnahe Stellenschaffung für möglichst viele Langzeitarbeitslose in der Sozialfirma zwecks Reintegration in den Ersten Arbeitsmarkt. Das unternehmerische könnte wie folgt definiert werden: Wertschöpfung durch Arbeit am Markt; Erwirtschaftung von mindestens 30% des Umsatzes mit Leistungsbeeinträchtigten durch Kundenaufträge. Von diesen Zielen lässt sich ein klares Marketingkonzept ableiten, daraus ergibt sich also die Art und Weise des Herangehens an den Markt.

Das Angebot ist leicht definiert: Eine Sozialfirma verfügt über die Arbeitskraft von Langzeitarbeitslosen und muss diese so arbeitsmarktnah wie möglich organisieren und führen, um das soziale Ziel erreichen zu können. Damit wird der soziale Markt, also die öffentliche Hand als Auftraggeberin, zufriedengestellt. Die Nahtstellen zwischen Angebot und Nachfrage liegen in diesem Fall in der Zusammenarbeit mit dem Sozial- beziehungsweise Arbeitsamt. Sozial- oder Arbeitsamt sind Kunde. Marketingmaßnahmen ergreifen bedeutet sicherzustellen, dass die Schnittstellen zwischen dem Kunden und der Sozialfirma reibungslos funktionieren, dass die Bedürfnisse der Ämter wirklich bekannt sind und Maßnahmen ergriffen werden, um deren Zufriedenheit zu gewährleisten und zu überprüfen. Noch wird dieser Teil der Marktausrichtung auch von Sozialfirmen eher stiefmütterlich behandelt. Viele gehen irrtümlicherweise davon aus, dass unter Marktorientierung nur der Markt der freien Wirtschaft gemeint ist. Aber auch hier haben Sozialfirmen eine duale Ausrichtung. Die Sozialämter oder Arbeitslosenkassen sind ebenso wichtige Auftraggeber wie die Kunden der freien Wirtschaft; für sie gelten aber ganz andere Kriterien: Sie sind einer politischen Öffentlichkeit verpflichtet, sind darauf angewiesen, dass ihre Auftragnehmer, also die Sozialfirmen, ihrer Vulnerabilität Sorge tragen und öffentliche Auftritte ebenso wie Werbeaktionen mit ihnen absprechen. Wenn Sozialfirmen marktnah handeln, dann hat dies immer auch Konsequenzen für die öffentliche Hand als Auftraggeberin. Es ist deswegen sehr wichtig, dass Marketingaktionen vorgängig verbindlich abgesprochen werden und dass es der Sozialfirma gelingt, bei den sozialen Auftraggebern Vertrauen zu schaffen und diese mit einzubinden.

Alle Anbieter von Arbeitsintegrationsmaßnahmen müssen gegenüber ihren sozialen Auftraggebern belegen, dass sie ihren Betrieb wirkungsvoll führen. Sie müssen kommunizieren, wie dies hinsichtlich der Arbeitsintegration geschieht. Marketing ist hier in erster Linie eine Frage der Transparenz und der vertrauensbildenden Kommunikation. Es geht aber auch darum, ein nachvollziehbares und überprüfbares Konzept zu haben, das aufzeigt, wie das Ziel der Reintegration oder der arbeitsmarktnahen Beschäftigung intern wirklich umgesetzt wird.

Das Marketing muss sorgfältig die politischen Umstände der Geldgeber mit berücksichtigen. In der Schweiz ist die Sozialhilfe kommunal organisiert. Deshalb muss unbedingt darauf geachtet werden, dass die kommunalen Steuergelder, mit denen Sozialfirmen unterstützt werden, nicht Bürgern anderer Gemeinden zufließen. Sozialfirmen, die an verschiedenen Orten tätig sind, müssen aufzeigen, wie sie sicherstellen, dass dies nicht geschieht. Die größte Gefahr für die Geldgeber liegt in einer negativen Berichterstattung in der Regionalpresse. Daraus entstehender politischer Widerstand kann eine Sozialfirma die finanzielle Unterstützung der öffentlichen Hand kosten. Schlechte Presseberichterstattung schadet aber nicht nur der Sozialfirma, sondern immer auch dem Ruf der öffentlichen Hand als Auftraggeberin oder demjenigen der Sozialversicherung.

Wenn man die Anforderungen an das Marketing vor dem Hintergrund der sozialen Ziele näher betrachtet, wird rasch deutlich, dass sich Sozialfirmen nicht eines oberflächlichen Marketings im Sinne eines Werbekonzepts bedienen können. Marketing muss verstanden werden als betriebswirtschaftliche Funktion und als vordringliche und umfassende Führungsaufgabe und bedarf einer Verankerung auf oberster Führungsebene.

Besonders ein Unternehmen, das sich neu ausrichtet, muss sich eingehend Gedanken bezüglich der besonderen Nahtstellen zwischen Angebot und Nachfrage sowohl im sozialen als auch im wirtschaftlichen Zielgebiet machen. Dies muss zu einer sorgfältigen Analyse der Unternehmenssituation führen, die den besonderen Umständen des Sozialunternehmens Rechnung trägt. Der nächste Schritt besteht in der Planung von Marketingmaßnahmen und der Benennung derselben im Rahmen eines Businessplans. Umsetzung und Kontrolle gehören zu einem späteren Zeitpunkt ebenfalls dazu.

Überlegungen zur Identität der geplanten Unternehmung haben bereits in der Planungsphase einen hohen Stellenwert. Besonders im Rahmen einer Reorganisation eines bestehenden Integrationsprogramms sind Missverständnisse und Unklarheiten sowie Widerstände zu erwarten. Gerade deshalb ist es von großer Wichtigkeit, dass auch zu diesem Punkt unmissverständliche Aussagen gemacht werden und dass diese der Belegschaft klar sind. Die Identität eines Unternehmens ist eine heikle Angelegenheit, denn sie tangiert das Selbstverständnis und die Unternehmenskultur. Erfahrungsgemäß liegen hier oft Fallen verborgen, die allzu oft unterschätzt werden. Jedes Unternehmen hat eine »Corporate Identity«, wie die Unternehmensidentität in Marketingenglisch bezeichnet wird. Wenn nun plötzlich die Ausrichtung auf den Markt zur ersten Priorität wird, dann muss sich diese Identität zwangsläufig ändern. Oft gehen damit liebgewonnene Gewohnheiten, kleine Privilegien und Annehmlichkeiten des Arbeitsalltags verloren. So wird beispielsweise ein Restaurant, das als Integrationsbetrieb an bester Lage in einer Innenstadt betrieben wird, die zur angenehmen Tradition gewordenen Betriebsferien im Sommer aufgeben müssen. Wenn es sich wirklich auf den Markt ausrichten möchte, dürfen die Türen des Restaurants zu bester Kundenzeit nicht geschlossen bleiben. Dasselbe gilt für die täglichen Öffnungszeiten. Es muss zur Selbstverständlichkeit werden, dass der Restaurationsbetrieb an Quartierfesten, Feiertagen oder besonderen Anlässen geöffnet ist. Es darf nicht nur im Prospekt stehen, dass das Geschäft stets Vorrang hat; diese Überzeugung muss in besonderem Maß auch den Alltag der Belegschaft prägen. Auch wenn dies bedeutet, dass Ferien verschoben und bisherige beamtenähnliche Sicherheiten für das Personal abgebaut werden müssen. Mit einer Belegschaft, die ein Selbstverständnis hat, das sich an einer öffentlichen Verwaltung orientiert, kann kein marktnaher Betrieb geführt werden. Die Marktorientierung der Unternehmensidentität muss immer in erster Linie auf die feste Belegschaft ausgerichtet sein; diese muss dieselben Vorgaben erfüllen wie die Langzeitarbeitslosen und Vorbild sein für die zu integrierenden Arbeitnehmenden. Flexibilität, wie sie der Erste Arbeitsmarkt verlangt, muss von der festen Belegschaft konsequent vorgelebt werden, sonst bleibt die Botschaft für die Arbeitnehmenden unglaubwürdig. Die Glaubwürdigkeit solcher Botschaften ist in Integrationsbetrieben jedoch von höchster Wichtigkeit, denn Betriebe, die vermindert leistungsfähige Angestellte beschäftigen, sind eher dem Verdacht ausgesetzt, dass sie es mit der Flexibilität und der Kundenfreundlichkeit nicht so genau nehmen. Dies ist ein weiterer Grund dafür, diesem Punkt besondere Sorgfalt zu widmen.

Ein Mitleidbonus existiert in der Geschäftswelt auch für Sozialfirmen nicht. Wer im Marketing auf einen solchen setzt, wird keinen Erfolg haben. Sozialfirmen müssen gegen außen dieselbe Qualität und Termintreue erbringen können wie normale Firmen. Gegen innen müssen sie so organisiert sein, dass sie in der Lage sind, beschränkte Leistungen zu kompensieren.

Die Preispolitik muss der Leistungsfähigkeit der Arbeitskräfte angemessen sein. Wer teilleistungsfähige Arbeitskräfte beschäftigt, kann nicht davon ausgehen, die Stunde zum selben Ansatz bezahlt zu bekommen wie ein Unternehmen, das vollleistungsfähige Arbeitnehmende beschäftigt.

Besondere Sorgfalt und Vorsicht ist im Bereich der Werbung geboten. Sozialfirmen können zwar grundsätzlich dieselben Plattformen nutzen wie herkömmliche Unternehmen, sie müssen dies aber mit besonderer Vorsicht und Umsicht tun. Eigentliche Werbekampagnen sind für Sozialfirmen tabu; teure Aktionen wie Inserate oder Plakate werfen Fragen auf und führen rasch zu dem Vorwurf, dass die staatlichen Gelder zur Erlangung eines Wettbewerbsvorteils eingesetzt werden. Solche Kritik, ungeachtet dessen, ob sie nun berechtigt ist oder nicht, kann den Ruf einer Sozialfirma massiv und langfristig schädigen. Der Umstand, dass staatliche Gelder mit im Spiel sind, ruft gerade im gewerblichen Umfeld meist umgehend Kritiker auf den Plan, die eine massive Imageschädigung herbeiführen können.

Bei den Werbeinstrumenten ist Phantasie gefragt. Aktionen, die auf eigenem Engagement und nicht auf Geld und Hochglanzprospekten beruhen, erzielen weit mehr Wirkung. So kann eine Einladung eines kritischen Gewerbeverbandes zu einem Imbiss in der firmeneigenen Kantine mit anschließender Führung durch den Betrieb einen weitaus besseren Werbeeffekt haben als die beste Broschüre. Ein Vorteil liegt im Moment noch darin, dass Sozialunternehmen heute ein gewisses Medieninteresse genießen. Professionelle Medienarbeit kann zu vergleichsweise günstigem Preis zu sehr guten Resultaten und neuen Kunden führen. Allerdings ist auch hier Vorsicht geboten. Wer von der Presse hoch gelobt wird, läuft auch Gefahr, von dieser mit Negativschlagzeilen ebenso rasch wieder demontiert zu werden. Oft ernten Sozialfirmen besonders für ihre Integrationsquoten in den Ersten Arbeitsmarkt viel Beifall; jedoch können in wirtschaftlich schwierigeren Zeiten diese Quoten auch ohne das Verschulden der Sozialfirma rasch sinken, was dem Image ungerechtfertigterweise schaden kann.

Ganz zum Schluss der Marketingüberlegungen muss das »Corporate Design« überprüft werden. In diesem Bereich ist oft weniger mehr. Das Erscheinungsbild der Sozialfirma soll sich an ähnlichen Unternehmen im Ersten Arbeitsmarkt orientieren, wobei eine etwas bescheidenere Variante gewählt werden sollte – entsprechend der Position des Unternehmens im Zweiten Arbeitsmarkt.

Standort und Logistik

Der Start-up als Sozialfirma ist ein guter Zeitpunkt, um einmal gründlich über die Standortfrage und die Größe und Zweckmäßigkeit der bestehenden Betriebsgebäude nachzudenken. Integrationsunternehmen haben wegen der vielfältigen Geschäftsfelder oft sehr unterschiedliche Anforderungen an ihre Geschäftsräumlichkeiten. Generell sind Räumlichkeiten, die rasche Nutzungsänderungen zulassen, geeigneter. Für größere Sozialfirmen sind unbedingt Wachstumsreserven vorzusehen. Bei der Standortwahl wird oft der Platzbedarf für das Lager unterschätzt; Kommissionierungs- und Umkonfektionierungsaufträge benötigen viel Platz, und der Warenumschlag kann einen großen Umfang annehmen.

Beim Komfort und Ausbaustandard ist oft weniger mehr, denn betriebliche Flexibilität muss auch von der Geschäftsliegenschaft her möglich sein. Es ist von Vorteil für das Unternehmen, wenn die Geschäftsräumlichkeiten einen tiefen Ausbaustandard und einen gewissen Erneuerungsbedarf haben, denn zusammen mit den Arbeitnehmenden den Betrieb Stück für Stück immer wieder umzubauen und den neuen Anforderungen anzupassen, ist ein sehr lohnenswertes Unterfangen. Ein zu hoher Ausbaustandard wäre demnach pädagogisch kontraproduktiv. Bei langzeiterwerbslosen Arbeitnehmenden kommt der Einrichtung und Anpassung des Arbeitsumfeldes schon fast therapeutische Bedeutung zu. Die Erfahrung zu machen, dass und wie Umstellungen des Arbeitsumfeldes ganz konkret bewältigbar sind, und diese selbst mitgestalten zu können, ist sehr wichtig. Dies gilt nicht nur für Langzeiterwerbslose, sondern auch für Lernbehinderte und psychisch Beeinträchtigte. Das Umfeld mitgestalten und durch eigenes Tätigsein beeinflussen zu können, macht größere Veränderungen nachvollziehbar und annehmbarer, es vermindert das Gefühl der Ohnmacht und stärkt das Selbstvertrauen und die Identifikation mit dem Betrieb.

Maschinen

Bei den Maschinen gilt, so viele wie nötig und so wenige wie möglich. Maschinen sind nicht nur teuer und deshalb unternehmerisch riskant, weil die Aufträge oft plötzlich wegbrechen, sie stellen für das Personal einer Sozialfirma auch eine besonders große Gefahrenquelle dar, da dort oft Leute mit einem beträchtlichen Restalkoholpegel arbeiten und solche, die unter starken Medikamenten stehen.

Unsere Erfahrung hat gezeigt, dass sich die Anschaffung von teuren Maschinen nicht lohnt, auch weil oft nur sehr wenig Personal an solchen beschäftigt werden kann. Wenn wir Maschinen brauchen, arbeiten wir häufig mit Geräten, die uns unsere Kunden für die Erledigung ihrer Aufträge zur Verfügung stellen. Diese Methode hat sich bewährt. Ansonsten haben wir uns auf stark handarbeitslastige Arbeitsschritte spezialisiert.

Für größere Sozialfirmen spielt die IT-Ausstattung eine wichtige Rolle. Sozialfirmen zur Arbeitsintegration haben naturgemäß eine hohe Fluktuation und eine sehr aufwändige Personaladministration. Dieser Umstand wird noch verstärkt, wenn Arbeitnehmende mit verschiedenen Leistungsträgern im Hintergrund angestellt werden.

Um die Verwaltung der Firma möglichst schlank zu halten, sind alle administrativen Abläufe aufs Sorgfältigste zu organisieren. Für größere Sozialfirmen bieten sich sogenannte »Enterprise Resource Planning« Systeme an. Dabei handelt es sich um eine komplexe Anwendungssoftware, die idealerweise alle Geschäftsprozesse einbindet. Indem alle Prozesse durchgehend integriert und Insellösungen vermieden werden, kann längerfristig Geld gespart werden. Es geht darum, ein zentralisiertes System zu schaffen, in dem alle Ressourcen des Unternehmens verwaltet und miteinander vernetzt werden können. Neuerdings sind viele webbasierte Produkte auf den Markt gekommen, die auch die Möglichkeit bieten, unternehmensexternen Zugriff via Internet zu gewähren. Somit können Lieferanten und Kunden direkt in die Geschäftsprozesse mit einbezogen werden.

Die Investitionskosten für die individuelle Anpassung solcher Systeme sind beträchtlich und deren Anschaffung muss auch schon in die Berechnungen der Planungsphase einfließen. Dennoch ist es ratsam, in größeren Sozialfirmen mit solchen KMU-typischen Systemen zu arbeiten, da sie schlanke, transparente, leistungsfähige und wirtschaftsnahe Strukturen erleichtern.

Organisation und Management

Sozialfirmen wählen in der Regel eine Organisationsform, die im Handelsregister eingetragen werden kann. Sie unterstreichen damit ihre Marktausrichtung und zeigen auch durch ihre Organisationsform die Nähe zu herkömmlichen Wirtschaftsbetrieben. Neuerdings organisieren sich viele neue Sozialfirmen in der Schweiz als Aktiengesellschaften oder Gesellschaften mit beschränkter Haftung. In Deutschland gibt es die etwas besondere Form der gemeinnützigen GmbH, die besondere Steuervergünstigungen genießt. Auch in der Schweiz ist es möglich, Steuervergünstigungen für gemeinnützige Firmen zu erhalten; allerdings müssen diese individuell vom zuständigen Steueramt verfügt werden. Namentlich geht es dabei um den Erlass einer allfälligen Gewinnsteuer. In Bezug auf die Mehrwertsteuer gibt es für gemeinnützige GmbHs oder Aktiengesellschaften in der Schweiz keine besonderen Regelungen. Um eine Steuerbefreiung zu bekommen, muss in den Statuten neben einem klar sozialen Zweckartikel festgeschrieben werden, dass es keine

Gewinnausschüttungen gibt und allfällige Gewinne in Expansionen oder ähnliche Projekte reinvestiert werden.

Es lohnt sich, bei einer Neuausrichtung auch die Organisationsform umzustellen und eine im Geschäftsleben übliche Rechtsform zu wählen. Damit kann der Handlungsspielraum für alle Beteiligten neu abgesteckt werden, die Rollen und Aufgaben können frisch verteilt werden, und auch die Strukturen werden den Anforderungen eines marktwirtschaftlich geführten Integrationsbetriebs angepasst.

Der Verwaltungsrat beziehungsweise Vorstand soll idealerweise bestückt werden mit Personen, die sich mit den politischen Implikationen der Arbeitsintegration auskennen. Es kann auch äußerst sinnvoll sein, die Auftraggeber der Integrationsarbeitsplätze, das heißt die Sozialversicherungen oder die öffentliche Hand, gleich mittels Verwaltungsrats- beziehungsweise Vorstandssitzen in die neue Sozialfirma einzubinden. Ebenso wichtig ist es, industrielles oder gewerbliches Branchen-Knowhow einzubeziehen.

Das Aufsichtsgremium benötigt viel Vertrauen in den Geschäftsführer oder die Geschäftsführerin, denn er oder sie muss über einen weitreichenden Handlungsspielraum und klare Leitlinien verfügen, um die Sozialfirma erfolgreich führen zu können. Gerade in den Pionierzeiten dieser Unternehmensform ist dieser Punkt von großer Wichtigkeit, da sich viele ungewohnte Probleme stellen, für die es Lösungen zu finden gilt.

Noch entscheidender als das Aufsichtsgremium ist die Zusammensetzung des Managements einer Sozialfirma. Die Führung eines solchen Betriebs muss Vorbildcharakter haben für Personen, die im Betrieb lernen sollen, zuverlässig, flexibel und zupackend zu agieren. Viele teilleistungsfähige Arbeitnehmende haben in ihrem Leben schlechte Erfahrungen als Angestellte gemacht. Um wieder an ihr Leistungspotential herangeführt werden zu können, sind sie auf Vorbilder angewiesen, die ihnen im Alltag unermüdlich beibringen, worum es geht und wo sie stehen.

Ein gutes Team allein reicht jedoch nicht aus. Sozialfirmen brauchen an der Spitze Unternehmerpersönlichkeiten; ohne identifizierbare Einzelpersonen, die solche Betriebe gegen innen und außen verbindlich und verlässlich führen und prägen können, kommen sie nicht aus. Dies hängt damit zusammen, dass Sozialfirmen immer noch Pionierunternehmen sind. Viele Fragen sind noch unbeantwortet, und in sozialpolitischen Kreisen herrscht zurzeit viel Ratlosigkeit in Bezug auf Arbeitsintegration. Man ist sich einig, dass mehr Arbeitsintegrationsprogramme im bisherigen Stil keine Lösung sein können, aber im Moment sind wenig wirklich taugliche Ansätze von politischer Seite zu erwarten. Die Impulse kommen von außen; die vielversprechendsten Ideen und Ansätze stammen von der Seite der unternehmerischen Sozialhilfe. »Social Entrepreneurship« ist in diesem Kontext in den letzten Jahren nicht umsonst zu einem wichtigen Schlagwort geworden. Von einem unternehmerischen Ansatz können Antworten erwartet werden, die weiter gehen als die bisher geprüften Modelle zur Arbeitsintegration. Er ist auch deshalb besonders erfolgversprechend, weil die Praxis oft zu verblüffend einfachen Lösungen führen kann, die sinnvollerweise zuerst in einem Sozialunternehmen erprobt werden, bevor sie in größerem Rahmen Schule machen.

Während viele offizielle Stellen noch etwas zurückhaltend sind in der Unterstützung von Sozialunternehmerinnen und Sozialunternehmern, hat die Schwab Foundation, eine Stiftung zur Förderung von Sozialunternehmertum, die im Umfeld des World Economic Forums entstanden ist, maßgeblich dazu beigetragen, dass unternehmerische Ansätze zur Beantwortung von sozialen Fragen sichtbarer geworden sind. In eine ähnliche Richtung denken Organisationen wie Ashoka oder die Skoll Foundation.

Risikoanalyse

Wenn, wie in Sozialfirmen der Fall, zwei Ziele auf gleicher Ebene verfolgt werden müssen, entstehen nicht nur immer wieder Zielkonflikte, sondern es zeigen sich auch kumulierende Risiken, die oft nur schwer abschätzbar sind, da sie sich bei gleichzeitigem Auftreten gegenseitig verstärken können. Sozialfirmen sind nicht nur finanziell verletzlich, weil sie dem Zweiten Arbeitsmarkt angehören und auf dem Markt nur reaktiv handeln können, sie sind als in der Pionierphase steckende Unternehmen auch anfällig dafür, zur Zielscheibe politischer Auseinandersetzungen zu werden.

Seriöse Risikoanalysen sind auch für Neuausrichtungen von zentraler Bedeutung, denn die Risiken verschieben sich im Falle einer Neuorganisation. Sozialfirmen wirken für das Umfeld oft bedrohlicher als Arbeitsintegrationsprogramme, weil sie als konkrete Konkurrenz wahrgenommen werden; sie sind aber auch finanziell gefährdeter. Wer 30% oder 40% Ertrag am Markt budgetiert, jedoch nicht genügend Kundenaufträge akquirieren kann, läuft Gefahr, dass er ganz schnell und ohne jedes politische Dazutun die Bilanz deponieren muss.

Zur Risikoanalyse empfiehlt es sich auch für Sozialfirmen, die klassisch betriebswirtschaftlichen Instrumente anzuwenden. Die Benennung und Gewichtung aller absehbaren Risiken ist der erste Schritt in Richtung eines erfolgreichen Risikomanagements.

Für eine Reorganisation zu einer Sozialfirma ist es nötig, bereits zu Beginn eine umfassende, ehrliche Risikoanalyse zu machen und die wunden Punkte wirklich zu benennen. Zudem ist es ratsam, in verschiedenen Stadien des Projekts immer wieder eine neue Risikoanalyse zu erstellen. Die erste ist unabdingbar als Entscheidungshilfe für die Begründung des Grundsatzentscheides zur Neuausrichtung. Von Anfang an eine politische Begleitgruppe zu installieren, die Schritt für Schritt die Reorganisation kritisch unterstützt und auch schwierige Entscheide mitträgt, ist ein sehr lohnenswertes Vorgehen. Diese Begleitgruppe kann beispielsweise aus dem bisherigen Vorstand bestehen, es ist aber auch möglich, die Gruppe durch Fachleute aus einzelnen unternehmerischen Fachbereichen zu erweitern und sie von Beginn an in die Veränderungsschritte mit einzubinden. Eine Prüfung aller Stärken, Schwächen, Chancen und Risiken im Rahmen einer SWOT-Analyse der bestehenden Institution kann als wertvoller Ausgangspunkt herangezogen werden.

Eine Sozialfirma aufzubauen kann für manche sehr erfolgreiche Führungscrew eines Arbeitsintegrationsprogramms zu einer äußerst schwierigen Herausforderung werden. Im Moment wird viel über Sozialunternehmertum geschrieben, was dieses Ziel für viele attraktiver macht, als es im Alltag sein mag. Nicht jeder erfolgreiche Geschäftsführer eines Arbeitsintegrationsprogramms eignet sich auch als Geschäftsführer einer Sozialfirma; und nicht jedes erfahrene Teammitglied kommt mit den Anforderungen der konsequenten Marktorientierung zurecht. Wir plädieren deshalb dafür, sich die nötige Zeit für die Erstellung eines Businessplans wirklich zu nehmen und auch umstrittene und unbequeme Fragen offen auf den Tisch zu legen sowie von Anfang an den Mut zu haben, neue und unorthodoxe Lösungen zu suchen.

Führung einer Sozialfirma

Der Erfolg einer Sozialfirma misst sich nicht nur in Zahlen, sondern ebenso in der Fähigkeit, den Erwerbsbeeinträchtigten neue Perspektiven anzubieten, ihre positiven Kräfte zu mobilisieren und sie so in ihrer Entwicklung zu unterstützen, damit sie wieder zu ihrem Potential finden und dieses für sich und die Firma möglichst autonom und gewinnbringend umsetzen können. Sozialfirmen sind in gewisser Weise Musterfirmen für Menschen, die schon oft in ihrem Leben schlechte Erfahrungen in der Wirtschaft gemacht haben. Sie haben die Aufgabe, den Beschäftigten den Glauben an ihre Fähigkeiten zurückzugeben und die Voraussetzungen zu schaffen, dass vom Ersten Arbeitsmarkt ausgeschlossene Personen wieder eine sinnvolle langfristige Arbeit und Aufgabe finden und damit einen möglichst großen Anteil ihres finanziellen Bedarfs selbst erarbeiten können.

Um dies zu erreichen, müssen die Vorgesetzten eine besondere Art von Führungsstil mitbringen. Er setzt bestimmte persönliche Eigenschaften voraus und findet im Verhalten der Führungspersonen seinen Ausdruck. Führung in einer Sozialfirma ist immer ein Prozess, der den ganzen Menschen erfordert und eine große Offenheit und ausgeprägte Kritikfähigkeit verlangt. Diese Voraussetzungen sind in einer Sozialfirma nicht grundsätzlich anders als in einem gewinnorientierten Unternehmen des Ersten Arbeitsmarktes, aber sie haben einen wesentlich höheren Stellenwert. In Sozialfirmen ist exzellentes Leadership unabdingbar. Angestellte in herkömmlichen Firmen haben die Möglichkeit, sich eine andere Stelle zu suchen und die Firma zu verlassen, wenn ihnen das Arbeitsklima oder die Führungskultur nicht gefällt. Arbeitnehmende von Sozialfirmen haben diese Chance meist nicht; viele von ihnen müssen vielmehr damit leben, dass sie wohl nie wieder eine reguläre Stelle finden werden. Wer von der Sozialhilfe lebt, wird zur Arbeit in der Sozialfirma gezwungen, wer eine Invalidenrente bezieht, hat oft nur eine oder ganz wenige Möglichkeiten zur Erwerbstätigkeit. Dies bedeutet, dass die Arbeitnehmenden der Führung eines Sozialunternehmens in besonderem Maße ausgeliefert sind, weil sie nicht einfach in eine andere Anstellung wechseln können.

Diese besondere Voraussetzung muss in die Führungsmethoden und die Führungskultur mit einfließen und sich im Menschenbild der Führung ebenso niederschlagen wie in den Methoden der Integration. Deren Ausgestaltung muss derart sein, dass diejenigen, die die im Ersten Arbeitsmarkt erforderliche Leistung nicht erbringen können, respektvoll integriert bleiben und ihre Situation nicht als Versagen erleben, und diejenigen, die sich zur Arbeitsmarktreife hinaufgearbeitet haben, wieder entlassen und in den Ersten Arbeitsmarkt zurückgeschickt werden, auch wenn sie noch so gern für das Unternehmen arbeiten und beinahe unentbehrlich geworden sind.

Sozialfirmen werden in den Medien momentan als diejenigen Unternehmen dargestellt, in denen sich Karriere machen lässt und in denen man Gutes tun kann, ohne sich an undurchsichtigen oder ethisch nicht immer ganz einwandfreien Geschäften zu beteiligen. Dies macht sie heute interessant für Führungskräfte, die einen »menschlichen« Betrieb suchen. Der soziale Aspekt der Führungsarbeit in einer Sozialfirma hat aber im Alltag oft wenig mit der Vorstellung von besonders liebevollem menschlichen Umgang zu tun, denn es darf kein Schonklima herrschen. Es bestehen zahlreiche Missverständnisse in diesem Zusammenhang, die durch die folgende Beschreibung der wichtigsten Elemente von Führung in Sozialfirmen geklärt werden sollen.

Zu den wesentlichen Aufgabenfeldern der Führung gehört unter anderem das Qualitätsmanagement. Qualität herzustellen mit einer Belegschaft, die den Anforderungen des Ersten Arbeitsmarktes nicht genügt, kann nicht mit einem rigorosen Qualitätssicherungssystem allein erreicht werden. Dazu braucht es viel Vertrauen, einen langen Atem und ein Menschenbild, das es erlaubt, auch denjenigen viel zuzutrauen, von denen sonst niemand mehr etwas Konstruktives erwartet.

Die Führungsstruktur könnte zusammenfassend als erweitertes Patronsystem oder eben »Matronsystem« bezeichnet werden. Es fußt nicht auf einem Machtsystem, das durch hierarchische Herrschaftsinstrumente abgesichert ist, sondern auf verdientem Respekt. Gerade weil die Belegschaft von Sozialfirmen sich am Anfang wenig davor fürchtet, die Stelle zu verlieren, greifen herkömmliche hierarchische Macht- und Führungsinstrumente schlecht. Die persönliche Bindung, der persönliche Kontakt und die offene persönliche Kommunikation sind erfolgsentscheidend. Positionen müssen verhandelt werden können, und es muss nach innen und nach außen klar und unbestritten sein, warum jemand eine bestimmte Funktion im Unternehmen innehat. Das Management muss sich den Respekt redlich verdienen, der Belegschaft wird er als Grundvoraussetzung entgegengebracht. Die Persönlichkeit des Führungsverantwortlichen steht im Zentrum, von der Integrität der verantwortlichen Sozialunternehmerin beziehungsweise des Sozialunternehmers hängt der Erfolg in der Aufbauphase maßgeblich ab.

Heute spricht man in der modernen Wirtschaft häufig von einer »Knowledge-based Economy« und versteht diese als Weiterentwicklung der ressourcenorientierten Wirtschaft, deren

Kraft von Bodenschätzen oder Energieressourcen abhängt. Sozialfirmen müssen jedoch einer dritten Gruppe zugeordnet werden. Sie bewegen sich auf ganz anderem Terrain, denn gerade auf den Faktor Wissen können sie sich in ihrer rasch wechselnden Belegschaft am wenigsten verlassen. Eine Sozialfirma zu führen verlangt vielmehr nach Qualitäten einer »Relationship-based Economy«. Dies bedeutet, dass der wirtschaftliche und soziale Erfolg einer derartigen Firma von der Qualität der Beziehungen abhängt und zwar der internen wie der externen. Diesem Umstand muss auch das Menschenbild des Managements Rechnung tragen.

Das Menschenbild

In letzter Zeit gab es immer wieder Medienkampagnen über zu Unrecht bezogene Sozialhilfegelder. Schimpfworte wie Sozialschmarotzer, Sozialbetrüger, Scheininvalide etc. haben das Bild der Mittellosen beeinträchtigt und sie in der gesellschaftlichen Wahrnehmung noch mehr marginalisiert. Zahlreiche Gemeinden und Ämter haben in der Folge der Medienberichterstattung die Kontrollen der Sozialhilfe verschärft. Tatsächlich wurden einzelne Personen gefunden, die bei den Angaben zur Erlangung der Unterstützungsleistungen geschummelt hatten; diese Handlungen sollen nicht kleingeredet werden. Es ist richtig, dass solche Verstöße nicht geduldet werden dürfen und dass sie geahndet werden müssen. Allerdings handelte es sich bei den Schummeleien immer um Einzelfälle, die eine generelle Verunglimpfung aller Menschen, die von Sozialhilfe leben müssen, keinesfalls rechtfertigen.

Abwertungen von Randgruppen haben in unserer Gesellschaft eine lange Tradition. In der Geschichte gab es immer wieder Situationen, in denen die Gesellschaft ihre Ängste auf die Randgruppen projiziert und diese mit negativen Eigenschaften behaftet hat. Dieser Umstand sagt jedoch meist mehr über die

Gesellschaft aus als über die Randgruppen. Deshalb stellt sich die Frage, warum mittellose Menschen, die von der Sozialhilfe leben müssen, gerade heute so wenig Vertrauen und so wenig Mitgefühl genießen, wo wir uns als Gesellschaft die »Armen« ungleich besser »leisten« können als noch vor 100 Jahren. Könnte es sein, dass unsere Angst vor dem Verlust unserer eigenen Arbeitsstelle so groß ist, dass es einfacher ist zu denken, die Arbeitslosen seien an ihrer Situation selbst schuld, als anzuerkennen, dass Arbeitslosigkeit heute jede und jeden treffen kann und ein beträchtlicher Teil der arbeitenden Bevölkerung Probleme hätte, rasch wieder eine passende Stelle zu finden? Wider besseres Wissen wird den Arbeitslosen dennoch gern ein Schuldetikett angehängt. Dies bekommen die Betroffenen deutlich zu spüren, sie reagieren darauf meist mit Rückzug in die eigenen vier Wände, mit starken Schamgefühlen und einer Entwertung der eigenen Fähigkeiten. Die mit dem Schuldgefühl verbundene Vereinzelung und Isolation verhindern ein Zusammenschließen der Betroffenen in größerem Rahmen zum Eintreten für die eigenen Anliegen. Die Schuldverknüpfung geschieht individuell und ungeachtet der allgemein bekannten Tatsache, dass strukturelle Veränderungen und nicht individuelles Versagen verantwortlich sind für die wachsende Sockelarbeitslosigkeit.

Interessanterweise beschränkt sich das schlechte Image der Sozialhilfebezüger nicht auf die allgemeine Öffentlichkeit, es macht auch vor den Professionellen nicht halt. Sozialämter haben oft Probleme mit der Rekrutierung von Mitarbeitern für die Sozialhilfe; vielerorts herrscht ein eigentlicher Personalmangel. Dies hat nichts damit zu tun, dass es zu wenig ausgebildete Sozialarbeiterinnen und Sozialarbeiter gäbe, vielmehr ist die Sozialhilfe unter den Fachleuten kein beliebtes Arbeitsgebiet. In der Schweiz kann man nicht einmal schlechte Entlohnung als Grund angeben, denn Stellen in der Sozialhilfe sind in der Regel anständig bezahlt. Wer sich in Fachkreisen erkundigt, hört Vorbehalte wie, die Arbeit sei frustrierend, die Arbeitsbelastung hoch,

Erfolgserlebnisse seien selten und die Menschen undankbar. Viele dieser Einwände könnten auch für andere, sehr beliebte Berufe vorgebracht werden. Wir vermuten den wahren Grund deshalb eher in einer zunehmenden Entfremdung von der Klientel und darin, dass die professionellen Kräfte das schlechte Image der Sozialhilfeempfangenden übernehmen und sich dadurch die Freude am Beruf verderben lassen.

Wer mit Langzeitarbeitslosen ein Unternehmen betreiben will, das am Markt operiert, muss der Frage nach dem eigenen Bild von Sozialhilfeempfangenden genau auf den Grund gehen. Schnelle Antworten helfen hier nicht weiter. Sie verhindern, dass ein fruchtbarer Kern entsteht, um den sich die Sozialfirma formieren kann. Unsere eigenen Erfahrungen haben sogar gezeigt, dass das Menschenbild des Managements einer Sozialfirma deren entscheidendstes Erfolgsmerkmal darstellt. Das Menschenbild ermöglicht es, konstruktive Beziehungsformen zu etablieren, die nötig sind, um einen wirklich Relationship-basierten Betrieb aufzubauen. Deshalb lohnt es sich, das eigene Menschenbild immer wieder kritisch zu hinterfragen und die Organisation der Firma und ihre Handlungen wiederholt und regelmäßig am gefühlten Menschenbild zu messen. Bei dieser Überprüfung geht es um die Frage, ob man wirklich bereit ist, in ein faires, respektvolles und gleichberechtigtes Verhältnis zu Langzeitarbeitslosen zu treten. Man muss sich überlegen, ob man in der Lage ist, den Langzeitarbeitslosen als Arbeitnehmern gleich zu vertrauen wie anderen Arbeitnehmenden. Das heißt, man muss ihnen Verantwortung übertragen; und man darf sich nicht davor scheuen, sich auch bei wichtigen Aufträgen auf sie zu verlassen, und sich selbst und ihnen zuzutrauen, auch anspruchsvollere Aufträge zur Zufriedenheit des Kunden ausführen zu können. Folglich ist es nötig, die arbeitgeberische Verantwortung zu übernehmen und auch den Arbeitnehmenden ihre Verantwortung wirklich zuzugestehen.

Wer sich zu einem solchen Menschenbild bekennt, muss seinen Betrieb genau durchleuchten und sich nochmals fragen, ob die internen Regelungen und die Handlungen der Firma diesem Bild wirklich entsprechen. Im Falle eines gleichberechtigten Verhältnisses stellt sich die Frage, wie die Aufstiegsmöglichkeiten im Unternehmen geregelt sind und ob es möglich ist, vom Status des beschäftigten Langzeitarbeitslosen ins feste Fachteam und ins Management zu wechseln, oder ob es dazwischen doch undurchlässige Trennlinien gibt und die Idee der Chancengleichheit in der Firmenkultur keinen Niederschlag findet. In St. Gallen haben wir sehr gute Erfahrungen gemacht mit einem durchlässigen System; diejenigen Arbeitnehmenden, die wirklich von Stufe 1 aus bei uns intern aufgestiegen sind, gehören nicht nur zu unseren loyalsten Mitarbeitern, sie sind auch Botschafter und oft lebendige Vorbilder für neueintretende Langzeitarbeitslose. Ihre Sicht der Dinge wird von denjenigen Mitarbeitern ohne eigene Erfahrung mit Langzeitarbeitslosigkeit geschätzt.

Wenn man sich zu einem gleichberechtigten Menschenbild bekennt, stellt sich auch die Frage, ob und wie die Arbeitnehmenden an Entscheidungen beteiligt sind. Gerade bei wichtigen Themen, wenn es beispielsweise darum geht, ob ein bestimmter Auftrag übernommen werden soll, kann es ausgesprochen nützlich sein, die Arbeitnehmenden einzubeziehen; ihre Argumente, warum etwas klappen kann und wo sie Probleme sehen, können äußerst zweckdienlich sein. Außerdem werden in solchen Diskussionen oft zusätzliche konstruktive Ideen eingebracht, die es sorgfältig und respektvoll zu prüfen gilt. Eine mitdenkende Belegschaft ist gerade in Pionierzeiten von unschätzbarem Wert.

Besonders wichtig ist auch die Frage nach dem Vertrauen, dessen Stellenwert jeder Führung einer Sozialfirma bekannt ist. Wer mit einer Belegschaft arbeitet, die unter Androhung von Zwangsmaßnahmen zur Arbeit geschickt wurde und nichts mehr zu verlieren hat, muss konsequent auf Vertrauen setzen können;

das ist die einzige reziproke Währung, die wirklich funktioniert. Ansonsten ist die Führung gezwungen, einen polizeiartigen Kontrollapparat aufzubauen, und sie wird dennoch wenig erreichen. Aus Gefängnissen ist bekannt, dass Kontrollen immer wieder umgangen werden und Sabotage oft die Kehrseite der Kontrolle ist. Wir haben die Erfahrung gemacht, dass sich dauerhafte, belastbare und für alle Seiten fruchtbare Vertrauensverhältnisse zwischen der langzeitarbeitslosen Belegschaft und dem Management aufbauen lassen. Dies erfordert jedoch ein konsequent und umfassend neues und absolut ehrliches, selbstkritisches Verhältnis zu den Langzeiterwerbslosen. Um Vertrauen einfordern zu können, muss man es zuerst schenken; damit eine vertrauensvolle Beziehung zwischen dem Management und der Belegschaft entstehen kann, braucht es viel Nähe und Offenheit – und zwar von beiden Seiten.

Auch hier gilt: Die Offenheit der Belegschaft misst sich an derjenigen des Managements. Wir haben festgestellt, dass auch die erfahrensten Dock-Geschäftsführer aufgrund eines Vorstellungsgesprächs nicht zuverlässiger voraussagen können, wie sich jemand entwickelt, als unsere jüngsten Mitarbeiter. Erfahrung hilft in Bezug auf eine Prognose also nicht weiter, im Gegenteil, sie verstellt oft die so wichtige offene Haltung der Person gegenüber.

Die Erfahrung zeigt, dass Offenheit, Nähe, Verlässlichkeit und Verbindlichkeit von Seiten des Managements das Vertrauen der Belegschaft sehr schnell wachsen lässt. Die damit verbundene Wertschätzung wird von den meisten dankbar angenommen und mit Toleranz und Loyalität quittiert. Für die Vertrauensbildung ist es hilfreich, wenn sich das Management seiner Abhängigkeit von der Belegschaft bewusst ist. Wer mit Langzeitarbeitslosen oder Behinderten am Markt operieren möchte, ist auf deren Kooperation angewiesen, denn es ist erfolgsentscheidend, dass wirklich alle versuchen, ihr Optimum zu geben, allfällige Probleme rasch gemeldet werden und umgehend Gegenmaßnahmen ergriffen werden können. Sozialfirmen sind geschlossene Systeme gegenseitiger Abhängigkeit; diese ist jedoch von allen Beteiligten durchaus gestaltbar, Voraussetzung ist allerdings, dass sie auch als solche erkannt wird.

Das für das persönliche Wachstum von Langzeitarbeitslosen nötige Vertrauen lässt sich nur in großer gegenseitiger Nähe und mit dem dazu benötigten Respekt gewinnen. Dies bedingt, dass die Mitglieder des Managements bereit sind, sich immer wieder auf Neues einzulassen und Chancen zu eröffnen. Zudem geht die von ihnen geforderte Nähe über das übliche professionelle Maß hinaus. Mit anderen Worten: Es braucht auch Liebe im Sinne eines grundverlässlichen Engagements füreinander, Tagesstruktur allein ist nicht ausreichend. In diesem Sinne sollen die Beziehungen in Sozialfirmen ausgestaltet werden wie diejenigen unter mündigen Familienmitgliedern. Den Arbeitnehmern, die lange Zeit von der Sozialhilfe gelebt haben, hilft dies, wieder persönliche Verbindlichkeiten einzugehen, Verantwortung für ihr Handeln zu übernehmen und zu einem tragfähigen sozialen Netz zurückzufinden. Abteilungsleiter oder Geschäftsführerinnen einer Sozialfirma sollten in gewissen Situationen unabhängig von der Uhrzeit für ihre Arbeitnehmenden da sein; in besonderen Fällen muss man auch mitten in der Nacht erreichbar sein. Jedoch heißt das nicht, dass durch die Hintertür ein neuer Betreuungsvollservice aufgebaut wird; vielmehr bedeutet es, dass man sich in Notfällen aufeinander verlassen kann – eine Haltung, die mit viel Eigenverantwortung auf beiden Seiten gepaart ist. Die Arbeitnehmenden müssen wissen, dass der Unterstützung von Seiten der Sozialfirma klare Grenzen gesetzt sind, dass sie aber darauf vertrauen dürfen, ein offenes Ohr zu finden, wenn sie in ernsthafte persönliche Schwierigkeiten geraten. Gleichzeitig wird von ihnen von Anfang an das Bewusstsein gefordert, dass sie selbst auch Verantwortung tragen und dass sie für ihr eigenes Handeln selbst verantwortlich sind. Von den Arbeitnehmenden wird erwartet, dass sie verstehen, dass es klare

Regeln gibt und dass Verstöße geahndet werden. Es ist aber auch wichtig, dass sie gleichzeitig erfahren können, dass ihnen immer wieder Chancen geboten werden.

Wer in einer Sozialfirma zu arbeiten beginnt, soll das Recht haben, neu anzufangen. Deshalb verzichten wir auch darauf, beim Einstellungsgespräch Lohneinstufungen vorzunehmen. Bei uns fangen alle auf der gleichen Stufe und mit dem gleichen Arbeitspensum von 50% an. Die meisten unserer Arbeitnehmenden begreifen dies nicht als Einschränkung, sondern als Chance, die sie ergreifen können. Viele Arbeitnehmende beginnen durch das Vertrauen, das wir in sie setzen, zu wachsen und wieder mehr Verantwortung für ihr eigenes Leben zu übernehmen. Wir machen zudem die Erfahrung, dass sie der Führungscrew gegenüber rasch eine mündige Haltung einnehmen und bereit sind, unser Menschenbild kritisch zu überprüfen, und es sich dann auch Schritt für Schritt zu eigen machen.

Methoden der Integration

Integration ist etwas, das nicht durch unser Handeln allein gesteuert wird. Auch das beste Management einer Sozialfirma kann sein Personal nicht integrieren, bestenfalls integriert es sich selbst. Es ist allerdings möglich, gute Voraussetzungen für die Integration zu schaffen. Dies setzt kleine Schritte, sichere Strukturen und ein Betriebsklima voraus, das die Selbständigkeit fördert.

Integration ist ein eigener Prozess, der in viele andere Prozesse eingreift und mit ihnen verwoben ist. Dieser sollte laufend überprüft und optimiert werden, denn die Voraussetzungen für eine gelungene Integration ändern sich stark mit der Wirtschaftslage und dem Mix der Belegschaft. Auch eine laufende Anpassung der Integrationsinstrumente auf die sich ändernden Umstände ist erforderlich. Gleichzeitig müssen Ruhe und Kontinuität gewährleistet werden, die sicherstellen, dass die Instrumente auch genügend Akzeptanz finden.

Dies geschieht, indem Integration als Konzept in alle Prozesse mit einbezogen wird und in bewältigbare Stufen unterteilt ist. In den Docks fangen wir mit der Integration beim Nullpunkt an, also gleich bei der Einladung zum Vorstellungsgespräch. Als Sozialfirma können wir unser Personal nicht frei rekrutieren; potentielle Arbeitnehmende werden uns von den Sozialämtern gemeldet. Wenn wir im Besitz ihres Namens und ihrer Adresse sind, laden wir sie auf unserem Briefpapier zu einem Bewerbungsgespräch ein. Wir schlagen einen Termin vor, weisen aber darauf hin, dass dieser durch den Eingeladenen verschoben werden kann. Formal unterscheidet sich unsere Einladung nicht von derjenigen zu einem herkömmlichen Vorstellungsgespräch.

Die Anstellung neuer Arbeitnehmenden ist in den Docks ganz bewusst Chefsache: Hier findet die erste und entscheidende Begegnung zwischen dem Geschäftsführer und dem Arbeitnehmenden statt. Im Unterschied zu herkömmlichen Interviews geht es weniger darum zu selektionieren; der Geschäftsführer hat vielmehr die Aufgabe, das Gespräch so zu gestalten, dass er damit einen motivierten Mitarbeiter gewinnt. Als Anbieter einer Stelle und eines Lohns bestimmt er die Bedingungen, die Langzeitarbeitslosen entscheiden, ob sie auf das Angebot eintreten wollen, indem sie den Arbeitsvertrag unterzeichnen oder nicht.

Auch wenn sie durch das Sozialamt unter Druck gesetzt worden sind, sich zum Vorstellungstermin zu begeben, können sie sich dafür oder dagegen entscheiden, den Vertrag zu unterschreiben; über die allfälligen Konsequenzen und Perspektiven ihres Handelns werden sie aufgeklärt, gezwungen, ihn zu unterschreiben, wird niemand. Der Handlungsspielraum der Betroffenen ist zwar sehr beschränkt. Dennoch ist es wichtig, dass selbst in sehr kleinen Dingen die Aufmerksamkeit für den eigenen Handlungsspielraum geschärft wird, denn Empowerment beginnt oft im Kleinen. Die Arbeitnehmenden sollen zum Handeln motiviert werden, dies geht nur, wenn sie von Anfang an als Partner fair mit eingebunden werden. Sie werden rasch lernen, dass im Betrieb jede Hand gebraucht und ihrer Arbeitskraft dadurch auch Respekt entgegengebracht wird. Dieser Aspekt ist sehr wichtig, und es lohnt sich, mit klaren und unverwechselbaren Formen oder Ritualen dieses auf Fairness, Rechten und Pflichten beruhende Verhältnis erfahrbar zu machen.

Der erste Schritt der Integration besteht darin, Arbeitnehmende, die oft unzählige schlechte Erfahrungen an Arbeitsplätzen gemacht haben und meist schon mehrere Jahre keiner festen Arbeit mehr nachgegangen sind, in das Unternehmen einzugliedern. Dies muss mit äußerster Sorgfalt geschehen, und auch in großen Firmen dürfen die individuellen Bedürfnisse und Vorlieben des Einzelnen nicht zu kurz kommen. Es muss möglichst gewährleistet sein, dass jeder und jede einen Platz im Betrieb für sich findet, erst einmal Zeit hat, Wurzeln zu schlagen, und dann Schritt für Schritt wieder beginnt, mehr Kräfte zu entwickeln. Die Formen, die diesen Prozess erleichtern sollen, sind denkbar einfach. Um im übertragenen Sinn wieder seinen Platz finden zu können, braucht jeder Arbeitnehmende zuerst physisch einen Platz im Betrieb. Zu diesem Zweck bekommt bei uns jeder und jede am Anfang ein Garderobenkästchen zugewiesen und eine persönliche Getränkeflasche, die mit dem eigenen Namen versehen werden soll. Dies ist das Starter-Kit in den neuen Lebensabschnitt; je nach Abteilung wird es ergänzt durch ein persönliches Paar Arbeitshandschuhe, Arbeitsschuhe oder eine Schutzbrille. Es ist wichtig, dass in diesem Moment auch vermittelt werden kann, dass der Neuanfang nicht unter Zeitdruck geschieht. Die Dauer der Anstellung ist generell unbegrenzt; man bleibt so lange, bis man wieder eine Stelle im Ersten Arbeitsmarkt gefunden hat. Der Arbeitsplatz in der Sozialfirma ist sicher. Wer dort eine Stelle antritt, muss nicht mehr darum bangen; eine Kündigung wird nur wegen grober Verstöße gegen den Arbeitsvertrag ausgesprochen.

Für viele ist das Ankommen in einer Sozialfirma nicht einfach. Durch den Eintritt werden liebgewordene Vorstellungen über die eigene Situation neu justiert. Jetzt kann nicht mehr verleugnet werden, dass man auch zu »denen« gehört, die keinen Arbeitsplatz in der freien Wirtschaft mehr finden. Diese Realität ist oft hart für die Betroffenen. Es ist deshalb äußerst hilfreich, die Neuankömmlinge explizit darauf hinzuweisen, dass sie eine Stelle bekommen haben, an der sie noch einmal von vorn anfangen können. Das Leben davor interessiert in der Sozialfirma nicht.

Wie bereits erwähnt, bekommen alle zu Beginn denselben Lohn von circa 12 CHF (rund 7.90 EUR) pro Stunde, und alle starten mit einem Teilzeitpensum von 50%. Damit schafft man Gleichheit auf tiefem Niveau, die etwas enorm Befreiendes und auch etwas sehr Integrierendes hat. Indem durch den Neubeginn wieder alle Uhren auf null gestellt werden, entsteht eine neue Form von Chancengleichheit, die einen wichtigen Motivationsfaktor darstellt.

Vom ersten Tag an müssen denn auch Perspektiven eröffnet werden. Dynamik entsteht, wenn Ziele und Wege dorthin aufgezeigt werden können. In den Docks haben wir deshalb ganz einfache und klar überprüfbare Voraussetzungen für eine allfällige Beförderung geschaffen. Wer es schafft, drei Monate hintereinander die vereinbarte Zeit von 80 Stunden pro Monat im Betrieb anwesend zu sein, und sich bei allfälligen Abwesenheiten jeweils korrekt entschuldigt und diese nötigenfalls nacharbeitet, kann in die nächsthöhere Lohnstufe befördert werden. Die Voraussetzungen für einen Stufenwechsel orientieren sich ganz bewusst an sehr leicht auch von den Arbeitnehmenden selbst überprüfbaren Fakten. Sie haben somit nicht das Gefühl, durch für sie unverständliche Testmethoden von außen qualifiziert zu werden, sondern kennen die Hürde, die sie überspringen müssen, und wissen auch, warum es allenfalls nicht klappt.

In einer Sozialfirma soll und muss die Leistung nicht zuoberst stehen. Gerade weil die Belegschaft oft unter sehr großer Angst zu versagen leidet und schlecht auf Leistungsdruck reagiert, soll am Anfang anderen Dingen wie Zuverlässigkeit und Verbindlichkeit größeres Gewicht beigemessen werden. Viele Arbeitnehmende bleiben längere Zeit auf Stufe 1, andere für immer, wieder andere arbeiten sich rasch hoch auf Stufe 2. Auch dort arbeiten sie immer noch im Stundenlohn, wobei dieser 2 bis 4 CHF (rund 1.30 bis 2.60 EUR) höher liegt. Je nach Arbeitsanfall kann ihr Arbeitspensum nach oben angepasst werden, um die Leistungsfähigkeit langsam zu steigern. Auf der zweiten Stufe kommen zur Zuverlässigkeit Anforderungen wie Flexibilität und Kritikfähigkeit hinzu, und wir fragen Arbeitnehmende an, ob sie bereit sind für einen Wechsel in eine andere Abteilung oder einverstanden wären, an einem anderen Ort einzuspringen. Von nun an zählen auch Leistung und soziale Kompetenz. Auf Stufe 2 werden erste Schritte in den Ersten Arbeitsmarkt ermöglicht: Im Rahmen von befristeten Einsätzen können unsere leistungsfähigeren Arbeitnehmenden wieder Erfahrungen in Betrieben des Ersten Arbeitsmarkts sammeln. Da die Anstellung auf Stufe 2 immer noch im Stundenlohn erfolgt, ist es möglich, den Einsatz beim Kunden vor Ort mit einem normalen ortsüblichen Stundenlohn höher abzugelten als bei interner Arbeit, was einen zusätzlichen Anreiz für die externe Arbeit ergibt. Mit dem Instrument des Personalausleihs kann erfahrbar gemacht werden, wie hoch die Hürde in die freie Wirtschaft tatsächlich ist. Oft sind die Ängste der Betroffenen weitaus größer als allfällige Leistungsmängel. In vielen Fällen kann mit ersten Gehversuchen in der freien Wirtschaft der Stolz über die eigene Leistungsfähigkeit gesteigert werden. Und es kommt wie bereits erwähnt nicht selten vor, dass ein zufriedener Kunde den Arbeitnehmer nach einer Weile fest anstellt und ihm in seinem Betrieb eine neue Chance bietet.

Normalerweise beginnt auf Stufe 2 die Stellensuche im Ersten Arbeitsmarkt wieder intensiver zu werden. Wenn das Potential als gut eingeschätzt wird, schließen wir mit den Arbeitnehmenden verbindliche Zielvereinbarungen bezüglich Integration und bieten auch Bewerbungsunterstützung an. Allerdings wird der Stellenwert der Bewerbungsunterstützung für langzeitarbeitslose ungelernte Hilfskräfte in der Regel stark überschätzt. Es ist sinnvoll, ab Stufe 2 die Lebensläufe anzupassen und die Bewerbungsunterlagen wieder so aufzubereiten, dass sie im Fall eines Vorstellungsgespräches rasch greifbar sind. Erfahrungsgemäß finden jedoch die meisten unserer Arbeitnehmenden eine Stelle über einen persönlichen Kontakt, über die Empfehlung von Bekannten oder über Temporäreinsätze durch unseren Personalausleih. Schriftliche Bewerbungen spielen eine eher untergeordnete Rolle. Diesem Umstand müsste auch die Integrationsunterstützung vermehrt Rechnung tragen.

Bis hierher kann der Integrationsbetrieb viel steuern. Ob es den Arbeitnehmenden anschließend aber gelingt, wieder im Ersten Arbeitsmarkt Fuß zu fassen, hängt stark auch von der Konjunktur ab. In guten Zeiten greift die Nachfrage der Wirtschaft nach zuverlässigen Hilfskräften, und es gelingt jährlich etwa einem Drittel unserer Arbeitnehmenden (gemessen an der durchschnittlichen Zahl der Belegschaft), wieder einen regulären Job zu finden. In Krisenzeiten fallen jedoch gerade diese Stellen oft weg, und die Integrationsquote in den Ersten Arbeitsmarkt sinkt. Da unser Integrationsmodell auf Perspektiven fußt, sind wir auf einen Kamineffekt angewiesen: Wenn es uns nicht mehr gelingt zu integrieren, dann drohen wir zu erstarren, weil wir nicht mehr befördern und somit Leistungen nicht mehr honorieren können.

Für Arbeitnehmende, die voraussichtlich in absehbarer Zeit den Absprung in eine reguläre Stelle schaffen werden, haben wir die Stufe 3 geschaffen. Das ist eine 100%-Anstellung zu einem festen Monatslohn, der etwa dem gewerkschaftlich geforderten Minimaleinkommen für Hilfskräfte (3200 CHF brutto, also rund 2100 EUR) entspricht. Damit sind die Arbeitnehmenden arbeitsrechtlich voll in den Betrieb integriert. Sie übernehmen intern wichtige Aufgaben der Qualitätssicherung und werden zu Vorbildern für die Neuen. Wir erleben oft, dass einer Phase des rasanten Wiederaufbaus der Leistungsfähigkeit eine etwas unstete folgt. Wenn jemand in dieser Phase die eben harterkämpfte Stelle im Ersten Arbeitsmarkt gleich wieder verliert, ist die Enttäuschung und Demotivation oft so groß, dass es sehr lange dauern kann, bis diese Person nochmals zu einem Wiedereinstiegsversuch bereit ist. Für solche Fälle ist die Stufe 3 gedacht: Sie soll die Übergangszeit zwischen dem Zweiten und dem Ersten Arbeitsmarkt möglichst störungsfrei gestalten und Sicherheit schaffen. Die Stufe 3 hat aber gerade in wirtschaftlich guten Zeiten auch einen stabilisierenden Einfluss auf den Betrieb. Es ist wichtig, auch Leistungsträger aus den Reihen der Langzeitarbeitslosen noch für eine Weile im Betrieb halten zu können, da diese einen sehr motivierenden Einfluss auf die Neudazugekommenen haben und sie gern als Vorbilder wahrgenommen werden. Stufe-3-Anstellungen können jedoch nicht über längere Zeit bestehen bleiben. Mit ihnen ist immer eine Verpflichtung zur Reintegration verbunden. Wer einen Vertrag für eine Stufe-3-Anstellung zu vollem Monatslohn unterschreibt, willigt damit auch in individuelle Integrationsmaßnahmen ein. Diese werden in Form von individuellen Zielvereinbarungen verbindlich gemacht. Ein Nichtbefolgen führt zu Sanktionen bis hin zur Kündigung.

Wer in der Stufe 3 arbeitet, hat sich in der Regel wieder eine Rahmenfrist für die Arbeitslosenversicherung erarbeitet. Durch seine Leistungsfähigkeit hat der oder die Betroffene gezeigt, dass er oder sie wieder voll arbeitsmarktfähig ist. Aus diesem Grund stellen sich die meisten Sozialämter, mit denen Dock zusammenarbeitet, auf den verständlichen Standpunkt, dass Stufe-3-Angestellte nach einer gewissen Zeit nicht mehr refinanziert werden und bis zu einem bestimmten Termin entweder eine Stelle gefunden haben müssen oder wieder aufs Arbeitsamt wechseln und stempeln müssen. In wirtschaftlich guten Zeiten funktioniert dieses System recht gut, und es gelingt den meisten Stufe-3-Angestellten, innerhalb eines Jahres wieder eine Stelle im Ersten Arbeitsmarkt zu finden. Schwieriger ist es in wirtschaftlich schlechten Zeiten mit steigender Arbeitslosigkeit. Wenn der Arbeitsmarkt gute Leistungen in der Sozialfirma nicht mehr mit einer Stelle belohnt, droht der gefürchtete Drehtüreneffekt zwischen Sozialhilfe und Arbeitslosenkasse, und die mühsam wiederaufgebaute Motivation der Arbeitnehmenden wird zerrüttet.

Die Integrationsinstrumente sollen eine Ordnung schaffen, in der sich alle zurechtfinden und bewegen können. Jeder und jede soll und muss nachvollziehen können, warum er oder sie in einer bestimmten Stufe eingeteilt ist. Wenn man sich falsch eingeteilt fühlt, soll man sich auch beschweren dürfen. Zu diesem Zweck finden am Anfang alle zwei bis drei Monate Qualifikationsgespräche mit den Arbeitnehmenden statt. In diesen Zweiergesprächen mit den Vorgesetzten wird gegenseitig Rückmeldung gegeben, und es werden Perspektiven besprochen. Auf der ersten Gehaltsstufe geht es dabei um Zuverlässigkeit und Pünktlichkeit, auf der zweiten kommen Flexibilität und Leistungsfähigkeit als Bewertungskriterien hinzu, und auf der dritten Stufe bilden dann auch soziale Kompetenzen wie Kritikfähigkeit und Loyalität Fixpunkte in den Qualifikationsgesprächen. Diese Transparenz ist nicht nur für die Kommunikation gegenüber den Arbeitnehmenden von großer Bedeutung; sie ist auch wichtig für die tripartiten Kommissionen, bestehend aus Gewerkschafts-, Sozialamts- und Gewerbevertretern, die darüber wachen, dass in Sozialfirmen kein Lohndumping betrieben wird und dass sie nicht wettbewerbsverzerrend handeln.

Wenn nun jemand wieder eine stabile Leistungsfähigkeit von etwa 80% bis 100% einer vergleichbaren Anforderung im Ersten Arbeitsmarkt erreicht hat, aber dennoch keine Stelle findet, weil der Arbeitsmarkt keine bereithält, dann müsste es für eine solche Person möglich sein, wenigstens im Zweiten Arbeitsmarkt wieder ihr Einkommen durch eigene Arbeit selbst verdienen zu können. Auch hier sind die Sozialfirmen gefragt.

Wenn der Erste Arbeitsmarkt nicht mehr integrieren kann, obschon die Leistung vorhanden ist, muss der Zweite Arbeitsmarkt am Ersten anschließen können und reelle Arbeitsplätze zur selbständigen Existenzsicherung bereitstellen.

In unseren Betrieben haben wir vor einigen Monaten damit begonnen, in Zusammenarbeit mit einigen Sozialämtern eine neue Stufe einzuführen, die Stufe 2M. Sie ist gedacht für Personen, die in absehbarer Zeit keine Aussicht auf eine Stelle im Ersten Arbeitsmarkt haben, deren Leistungen jedoch zeigen, dass sie in der Lage sind, ihren Lebensunterhalt wieder selbst zu verdienen. Solche Personen werden dann im Monatslohn zu 80 Stellenprozenten angestellt. Dieser bemisst sich wieder am Mindestlohn von 3200 CHF brutto (rund 2100 EUR) pro Monat. Für 80 Stellenprozente ergibt dies ein Gehalt von 2560 CHF brutto (rund 1680 EUR), das in der Regel etwas höher als die normale Sozialhilfe für einen Einpersonenhaushalt ist und daher meist zu einer Ablösung vom Sozialamt führt. Indem wir die Angestellten in der Stufe 2M nicht zu 100% anstellen, erleichtern wir zusätzlich den Einstieg in Minijobs. Oft ist es für ältere Arbeitnehmende leichter, Gelegenheitsjobs zu finden als feste Stellen. Darum bieten wir auf Stufe 2M auch die Möglichkeit, dass jemand Ferienablösungen, Temporäreinsätze oder Teilzeitstellen im Ersten Arbeitsmarkt übernehmen kann und damit seine Anstellung auf Stufe 2M nicht verliert. Während es für nicht erwerbstätige Personen oft mit komplizierten Umtrieben verbunden ist, einen Gelegenheitsjob anzunehmen, bieten wir ihnen auf Stufe 2M einen unkomplizierten Anreiz: Mindestens 80% des Lohns erhalten sie fix für die Anstellung bei uns; gelingt es ihnen, 20% nebenher zu verdienen, schaffen sie es auf einen Minimallohn für 100% Arbeit. Wenn sie eine 40%- oder 60%-Stelle im Ersten Arbeitsmarkt finden, können sie bei uns flexibel aufstocken, bis sie gesamthaft ein 100%-Pensum erreichen. Die Arbeitnehmenden schaffen sich dadurch Sicherheit und können auf der Basis der 2M-Anstellungen auch prekäre

Arbeitsverhältnisse eingehen, ohne Gefahr zu laufen, dadurch gleich wieder ans Sozialamt zurückzufallen.

Die Gewerkschaften und der Staat erhalten sich so die Gewissheit, dass kaum Schwarzarbeit möglich ist. Nur für die Sozialämter stellt die Stufe-2M-Anstellung weiterhin eine Schwierigkeit dar, denn sie müssen Arbeitsplätze zufinanzieren für Personen, die zwar von der Sozialhilfe abgelöst werden und somit aus der Statistik fallen, aber dennoch im Zweiten Arbeitsmarkt beschäftigt bleiben. So ist es theoretisch möglich, dass die Fallzahlen zwar sinken, die Arbeitsintegrationskosten aber trotzdem steigen. Die Sozialämter müssen also für solche Fälle besondere Gelder für die Arbeitsintegration bereitstellen und verstehen, dass sie damit Hand bieten zu neuen Lösungen für den heiklen Übergang zwischen Sozialhilfe und wirtschaftlicher Selbständigkeit. An dieser Nahtstelle bestehen heute noch massive Anreizprobleme. In vielen Fällen ist es heute lohnenswerter, weniger Geld selbst zu verdienen, um weiterhin vom Sozialamt finanziell unterstützt zu werden. Wer beispielsweise 2000 CHF (rund 1314 EUR) pro Monat von der Sozialhilfe erhält, bekommt zusätzlich die Krankenkasse bezahlt und muss keine Steuern bezahlen; wenn jemand 2001 CHF pro Monat aus eigener Kraft erwirtschaftet, verliert er den Sozialhilfeanspruch und muss aus diesem Einkommen per sofort auch die Krankenkasse und die Steuern wieder selbst bezahlen. Um Härtefälle bei der Ablösung zu verhindern und für die Etablierung erfolgreicher Integrationsinstrumente bedarf es immer wieder einer engen Zusammenarbeit zwischen den Sozialämtern und der Sozialfirma. Da die gesetzlichen Regelungen in der Schweiz von Kanton zu Kanton unterschiedlich sind und der Vollzug von Gemeinde zu Gemeinde variiert, ist viel Überzeugungsarbeit und Mut zu Pilotprojekten gefragt.

In der Schweiz hat man bislang kaum Erfahrung mit größerer Sockelarbeitslosigkeit, weshalb auch der Glaube daran, dass es möglich ist, nach einer Langzeitarbeitslosigkeit wieder eine Stelle zu finden, noch vergleichsweise stark ausgeprägt ist. Daran gilt es anzuknüpfen, und es werden in den nächsten Jahren viele neue Wege gesucht werden müssen, wie die Durchlässigkeit zwischen der Welt der Arbeitslosen und der Arbeitswelt verbessert werden kann. Die soziale Marktwirtschaft der letzten Jahrzehnte hat den Glauben an die Chancengleichheit hochgehalten. Angesichts der wachsenden Sockelarbeitslosigkeit wird sich aber zeigen müssen, ob das soziale Sicherheitssystem flexibel genug ist, um auf die anstehenden Herausforderungen zu reagieren. Wir sind davon überzeugt, dass die Teilhabe an Arbeit und die Schaffung eines leistungsfähigen und flexiblen Zweiten Arbeitsmarktes nicht nur soziale Probleme lösen kann. Indem Menschen in sinnvolle Arbeitsprozesse integriert werden, können sie erneut zur Volkswirtschaft und zur Gesellschaft beitragen, und es gelingt ihnen leichter, sich zugehörig zu fühlen.

Die Interkulturagenda

Wie viele andere Firmen veranstalten auch Sozialfirmen mindestens einmal pro Jahr ein Betriebsfest. In den Docks laden wir meist um die Weihnachtszeit alle Arbeitnehmenden zu einem Mittagessen mit anschließendem Tanz und Musik ein. Die Wichtigkeit dieses Anlasses für unsere Belegschaft wurde rasch deutlich. Gewöhnlich ist schon Wochen im Voraus viel Vorfreude auf das Fest zu spüren, und wir haben immer wieder gehört, dass unsere Arbeitnehmenden das Fest zu den Jahreshöhepunkten zählen. Organisiert wird die Feier durch das Kader. An jenem Tag kocht dieses jeweils zusammen mit dem festangestellten Mitarbeiterteam für die Arbeitnehmenden und ist für die Einrichtung und das anschließende Aufräumen besorgt. Für uns ist das Fest ein Dankeschön an unsere Belegschaft. Die wunderbare Stimmung am Fest, die Lebens- und Tanzfreude, die oft durch einzelne spontane Beiträge und Einlagen bereichert wird, ist ein Kraftspender für alle Beteiligten.

Als vor rund einem Jahr eine Stiftung an uns herantrat und Geld spenden wollte für unsere Arbeit mit den Arbeitnehmenden, haben wir überlegt, woran es diesen am meisten mangelt. Da wir aus den Ressourceninterviews mit unseren Arbeitnehmenden wissen, dass fast niemand mehr in einem Verein Mitglied ist oder zu anderen organisierten Formen der Geselligkeit Zugang hat, haben wir die Stiftung um Unterstützung gebeten für eine Reihe von Anlässen, die wir unter möglichst großer Beteiligung unserer Arbeitnehmenden realisieren wollten. Wir nannten diese Reihe Interkulturagenda. Zweck der Veranstaltungen war es, das Engagement für gemeinsame Anlässe wieder zu stärken; zudem sollte den Arbeitnehmenden aus unterschiedlichsten Kulturkreisen die Möglichkeit gegeben werden, andere Fähigkeiten, als bei der Arbeit gefordert waren, in die Gruppe einzubringen, das heißt, es sollten andere Dimensionen als Leistung und Arbeit zur Integration herangezogen werden. Wir wollten gleich wie in der Arbeitsintegration in einem ersten Schritt möglichst nahe an der Arbeit und an unserem Betrieb anknüpfen, es ging also nicht darum, eine Coming-out-Veranstaltung mit Sozialhilfeempfangenden für die allgemeine Öffentlichkeit zu planen, sondern zuerst im Rahmen des eigenen Unternehmens Plattformen zu bieten, auf denen sich die Arbeitnehmenden selbst präsentieren konnten.

Das Projekt wurde zuerst etwas zögerlich, dann aber gut aufgenommen. Alle vier Docks fanden Ideen, wie sie sich und ihren Betrieb präsentieren konnten. Es wurden in allen Unternehmen Vorbereitungsgruppen gebildet, die im Wochenrhythmus ab Oktober mit der Umsetzung begannen. Als Leiter dieser Gruppen konnten dank der Gelder der Stiftung Theaterpädagogen engagiert werden, die eine professionelle Umsetzung gewährleisteten.

Höhepunkt aller Vorbereitungen war das Jahresfest, an dem sich die Arbeitnehmenden aller Docks in St.Gallen treffen sollten. Da unter dem Jahr immer mal wieder Arbeitnehmende aushilfsweise in anderen Docks gearbeitet hatten, kannten einige das Dock St. Gallen schon. Andere hatten bereits Kolleginnen und Kollegen aus anderen Docks kennengelernt. Dieser Umstand war sehr wichtig, um die Arbeitnehmenden für die Reise nach St. Gallen zu motivieren. Drei Tage vor dem Anlass hatten sich über 300 Arbeitnehmende angemeldet. Sie reisten schließlich in drei Autobussen von den Außenstellen an. Eine Gruppe engagierte sich im Bereich der Infrastruktur und der Dekoration, andere kündigten besondere Menüs an, die sie in ihrer eigenen Küche oder vor Ort kochen wollten. Als die Autobusse kurz vor Mittag eintrafen, brachten sie Pfannen mit, gefüllt mit Gerichten aus der Karibik, aus Pakistan, aus Afrika und anderen Gegenden der Welt. Ein ehemaliger Konditor hatte für das Fest wochenlang bei sich zu Hause Weihnachtsgebäck produziert. Eine Gruppe Schweizer Männer bot an einem Stand frischgekochte Rippchen und Sauerkraut an, eine andere Gruppe hatte unzählige Salate zubereitet. Alle Docks boten dem gespannten Publikum ihre Aufführungen dar: Zwei hatten ein Video über ihren Betrieb gedreht, zwei weitere glänzten mit eigenen Sketches und einer Squaredance-Vorführung. Die Stimmung war überwältigend, der Stolz auf die eigenen Beiträge war in allen Gesichtern zu lesen. Dank der Interkulturagenda war es gelungen, gänzlich andere Fähigkeiten zu wecken, erfahrbar zu machen und einzubinden. Die intensive Vorbereitungszeit führte zu einer engen und fruchtbaren Zusammenarbeit zwischen dem Kader und den Arbeitnehmenden in Bereichen, in denen zuvor eher wenig Austausch geherrscht hatte.[19]

Nach dem Erfolg des Jahresfestes haben wir auch über andere Formen der Aufgabenteilung zwischen dem Fachteam und den Arbeitnehmenden nachgedacht und uns entschlossen, in St. Gallen das Empfangsbüro inklusive Telefonzentrale mit Arbeitnehmenden zu besetzen und die Kantine als Ort der Verpflegung und der soziokulturellen Begegnung einer Gruppe von Arbeitnehmenden in weitgehender Selbstverantwortung zu übertragen. Wir wollen damit den Aktionsradius und Gestaltungsraum unserer Arbeitnehmenden erweitern. Im Moment befinden wir uns noch im Anfangsstadium des Experiments, aber alle bisherigen Erfahrungen stimmen optimistisch. Auch den Umstand, dass seit dem Jahresfest unzählige Ideen von unseren Arbeitnehmenden für weitere Veranstaltungen der Interkulturagenda eingegangen sind, werten wir als richtungsweisend.

Schlichterinnen

In unseren Firmen arbeiten Menschen aus über 50 Ländern, die allen unterschiedlichen Weltreligionen angehören. Es herrscht ein tolerantes Klima, und wer sich benachteiligt fühlt, weiß, dass bei einer Beschwerde rasch Maßnahmen ergriffen werden, um Konflikte zu lösen. Auch in diesem Zusammenhang spielt Vertrauen eine große Rolle. Dennoch ist es für Neue oft nicht einfach, einen Platz in der Firma zu finden; es kann mehrere Monate dauern, bis sie etwas auftauen und beginnen, Kontakte zu knüpfen. Viele sind am Anfang sehr verschlossen und in sich gekehrt, und es ist für die Vorgesetzten oft schwierig, an sie heranzukommen; Arbeitnehmende mit demselben Erfahrungshintergrund haben es da oft leichter.

Auch bei persönlichen oder privaten Problemen wenden sich Arbeitnehmende gern an ihre Linienleiter, die auf Stufe 3 arbeiten. Um jedoch einer Überforderung vorzubeugen, haben wir ein Projekt lanciert, das wir ebenfalls dank Stiftungsgeldern aufbauen konnten: Wir haben zwei ausgesprochen sozialkompetente Arbeitnehmerinnen mit besonderen Aufgaben und Schlichtungskompetenzen ausgestattet und die Arbeitnehmenden informiert, dass sie sich auch an sie wenden können. Die beiden Frauen arbeiten im Turnus in verschiedenen Abteilungen, um sich bekannt zu machen, und versuchen allfällige Probleme der Belegschaft untereinander möglichst unkompliziert und gleich vor Ort zu lösen. Ähnlich wie die aus den Reihen der Schülerschaft stammenden Peacemaker an Schweizer Schulen haben sie eine Art Vermittlerfunktion zwischen Kader und Arbeitnehmenden inne. Zusammen mit der Vorsitzenden der Geschäftsleitung, die für das Projekt verantwortlich ist, finden regelmäßige, von den Schlichterinnen organisierte Treffen der Linienleiter und Stufe-3-Arbeitnehmenden in St. Gallen statt. An konkreten Beispielen werden Handlungsmöglichkeiten aufgezeigt und besprochen. Damit sollen die Problemlösungskompetenz und die Sozialkompetenz aller gestärkt werden, es geht aber auch darum aufzuzeigen, wo die Grenzen des eigenen Handelns liegen und wo und in welcher Form Unterstützung zu finden ist.

Personalführung und Rekrutierung

Auch die Personalführung muss sich an dem Umstand orientieren, dass Sozialfirmen Relationship-basierte Unternehmen sind. Die Qualität, Nähe und Belastbarkeit von Beziehungen spielen also auch in der Personalführung eine wichtige Rolle.

Die Personalführung in einer Sozialfirma ist eng mit dem Menschenbild der Firma verknüpft und muss mit diesem übereinstimmen. Auch hier gilt: Die Führung muss ganz nahe bei den Leuten stattfinden. Für die Führungspersonen bedeutet dies, dass sie sich am Arbeitsplatz sozialer Kontrolle aussetzen müssen wie in einem Dorf. Gerade weil der Vorbildcharakter eine derart wichtige Rolle in der Integration spielt, müssen die Führungspersonen für die Arbeitnehmenden auch als Persönlichkeiten spürbar sein. Nur so ist es möglich, dass sich die Arbeitnehmenden ebenso ein Stück weit öffnen können und die Nähe in beide Richtungen wirkt. Die große Nähe führt dazu, dass die Führungspersonen die Anliegen und Lebenssituationen der Arbeitnehmenden gut genug wahrnehmen können, und ermöglicht es ihnen, diese klar, verbindlich und verständnisvoll zu führen.

Es braucht generell sehr viel Führung in einer Sozialfirma, viel mehr als in einem Betrieb des Ersten Arbeitsmarktes. Dies hat einerseits damit zu tun, dass die Belegschaft arbeitsungewohnt ist und die erste Stufe der Integration, nämlich diejenige in den Betrieb, durch klare, einfache, verständliche und überprüfbare Vorgaben geschehen muss. Andererseits müssen oft völlig vereinsamte Personen wieder in ein größeres soziales Umfeld integriert werden; auch dies erfordert viel klare, geduldige Führungsarbeit und ein konstantes Vorleben einer verbindlichen, menschlichen, respektvollen Führungshaltung.

Führung geschieht fast ausschließlich im menschlichen Kontakt, im persönlichen Umgang und Gespräch. Schriftliche Zielvereinbarungen können wichtig sein, sie wirken jedoch nur durch geduldiges Wiederholen und ein schrittweises Heranführen an die gesteckten Ziele. Wann immer Probleme auftauchen, gilt es, rasch individuelle Lösungen und Wege zu suchen, neue Abmachungen zu treffen und die Arbeitnehmenden wieder neu auf Ziele auszurichten. Für Abteilungsleiter ist es äußerst wichtig, dass sie jeden Arbeitnehmer und jede Arbeitnehmerin persönlich kennen und jede Person behutsam führen und einbinden. Dafür gibt es kein einfaches Rezept, vielmehr gilt der individuelle Ansatz. Auch in diesem Kontext ist es ein großer Vorteil, wenn den Führungspersonen bewusst ist, wie sehr sie auf ihre Arbeitnehmenden angewiesen sind; die finanziellen Anreizmöglichkeiten sind gering, denn je mehr der Lohn ansteigt, desto mehr sinkt die Unterstützung durch die Sozialhilfe, und unter dem Strich bleiben Ende Monat oft kaum 200 CHF (rund 131 EUR) mehr als der volle Sozialhilfesatz. Druck, Drohungen und Zwang helfen nicht weiter, sie produzieren nur Widerstand und Verweigerung. Wer kaum mehr etwas zu verlieren hat, muss dem Druck auch nicht nachgeben. Von einer Führungsperson in einer Sozialfirma ist deshalb besonders viel Offenheit gefragt und der Mut, sich von den Arbeitnehmenden abhängig zu machen. Das bedeutet nicht, dass sie sich erpressbar machen muss, aber der Appell an die Arbeitnehmenden, dass ihre Arbeitskraft dringend gebraucht wird, ist dank der starken Kundenorientierung auch kein leeres Wort. Diese Abhängigkeit ist Realität in einer Sozialfirma, die versucht, einen möglichst hohen Anteil ihres Ertrages direkt am Markt durch Arbeit von Arbeitnehmenden für Kunden zu verdienen. Wir haben gute Erfahrungen damit gemacht, dies auch offen einzugestehen.

Wer konsequent und selbstkritisch versucht, diesen Führungsstil zu leben, wird als Dank das Vertrauen derjenigen ernten, die seit langem niemandem mehr trauen. Wir haben in unseren Betrieben ein großes Bedürfnis nach dieser Form von Führung angetroffen, unabhängig davon, ob die Arbeitnehmenden aus einem eher ländlichen oder städtischen Lebensumfeld kommen. Am Anfang steht die persönliche Führung, damit kann man sich das Vertrauen erarbeiten. Sobald ein Vertrauensverhältnis entstanden ist, helfen die Arbeitnehmenden bei der Umsetzung der Führungsgrundsätze mit. Sie setzen dafür die soziale Kontrolle positiv ein: Wenn jemand einen Tag bei der Arbeit gefehlt hat, wird er oder sie als Erstes von seinen Kollegen nach dem Grund des Fernbleibens gefragt. Die Vorstellung, ein Team zu sein, das eine Aufgabe für einen Kunden zu erfüllen hat, ist dabei ein entscheidender Motivator. Führung bedeutet nicht Überwachung, sondern Einbindung und Hinführung zu möglichst viel Selbstverantwortung. Eigene Handlungsspielräume erfahrbar zu machen gehört zu den Grundlagen des Empowerments, weshalb dieser Aspekt auch in der Führung eine wichtige Rolle spielen muss. Nicht zur Arbeit zu kommen liegt in der eigenen Handlungskompetenz, die Konsequenzen dafür zu tragen auch. Am Anfang geht es darum, die Auswirkungen dieses Handelns zu spiegeln und so in einfacher Form zu zeigen, dass es einen Unterschied macht, ob jemand zur Arbeit kommt oder zu Hause bleibt. Arbeitsrechtliche Sanktionen wie Verwarnungen oder Kündigungen kommen erst dann ins Spiel, wenn respektvolle, konfrontative und offene Gespräche nichts fruchten. Dennoch kündigen wir relativ häufig und haben damit sehr gute Erfahrungen gemacht. Wer eine Kündigung erhalten hat, unterliegt einer Sperrfrist von drei bis sechs Monaten, danach kann er oder sie wieder zu einem Vorstellungsgespräch kommen und einen zweiten Versuch starten. Wir erleben es nicht selten, dass die Integration in unsere Firma erst im zweiten oder gar im dritten Anlauf klappt.

Um solche Führungsinstrumente glaubwürdig und wirkungsvoll anwenden zu können, ist es unerlässlich, dass die Führungscrew konsequent an die Fähigkeiten der Arbeitnehmenden glaubt und ihnen gegenüber diese Überzeugung auch zum Ausdruck bringt. Zum Glauben an die Fähigkeiten und das Entwicklungspotential derjenigen, die die Gesellschaft schon aufgegeben hat, kommt das pragmatische Verhältnis zum Scheitern als zentrale Voraussetzung für eine gute Personalführung. Scheitern gehört einfach immer wieder dazu, und eine Führungsperson muss vermitteln können, dass dies nicht das Ende bedeutet, sondern ein Signal ist, dass man einen anderen Weg suchen muss.

Wir haben in dieser Beziehung im Moment in unseren Firmen den Vorteil, dass wir noch in einer Pionierphase stecken, das heißt, dass auch wir hin und wieder scheitern und dann nach neuen Wegen und Ideen suchen müssen. Unsere Arbeitnehmenden wissen das. Sie sind deshalb oft diejenigen, die uns im Falle eines Scheiterns mit einem entwaffnenden Pragmatismus und einer riesigen Portion Zuversicht den Rücken stärken und beim nächsten Anlauf mit uns fiebern und alles tun, um uns zu helfen.

Diese Nähe und das daraus resultierende gegenseitige Commitment führen zu einer enormen Kraft und zu einem Arbeitsklima, das viel Ehrlichkeit und Offenheit verträgt. Die Frucht dieser Bemühungen zeigt sich, wenn Gemeinschaftsräume und Magazine nicht abgeschlossen werden müssen, wenn jeder Zugang hat und dennoch nichts gestohlen wird, weil alle um die

Grundwerte besorgt sind und diese anwenden. So kann in einem geschlossenen System gegenseitiger Abhängigkeit eine Art Lebensraum entstehen, in dem andere Regeln gelten als anderswo. Unter unseren Arbeitnehmenden gibt es durchaus Personen mit Vorstrafen, und wir sind uns bewusst, dass nicht die Bravsten bei uns arbeiten; nichtsdestotrotz haben sich die Docks zu einer Art Insel der Anständigen entwickelt. Heute ist es nicht die Führungscrew allein, sondern es sind ebenso die Arbeitnehmenden, die diese Werte vertreten und durchsetzen. Interessanterweise bekommen wir von unserer Belegschaft viel Unterstützung für unsere konsequente Haltung, obschon diese oft auch zu Verwarnungen oder Kündigungen führt. Die Erfahrung hat gezeigt, dass auch die Arbeitnehmenden sehr wohl unterscheiden können zwischen Personen, die bloß mit uns spielen, nicht richtig dabei sind und eher die Grenzen unserer Geduld ausloten wollen, und denjenigen, die in einer tatsächlichen Krise stecken und eine Hand brauchen, die sie durch die schwierige Zeit führt, statt einer Kündigung, die aufgrund der Absenzen ebenfalls angebracht wäre. Auch in diesem Zusammenhang ist die gelebte konsequente Offenheit oft sehr hilfreich; wir sind dankbar dafür, wenn wir von einem guten Arbeitskollegen konstruktive zusätzliche Informationen bekommen, die uns die Entscheidungsfindung in schwierigen Situationen erleichtert.

Häufig werden wir gefragt, ob der hohe Prozentsatz muslimischer Beschäftigter und die Tatsache, dass in unseren Betrieben auch Personen mit einer Vergangenheit im Sexgewerbe arbeiten, nicht zu massiven Problemen führe. Meist sind die Fragenden sehr erstaunt, wenn wir verneinen. Weshalb dies so ist, lässt sich nicht mit letzter Bestimmtheit sagen, aber wir denken, dass es mit dem Führungs- und Menschenbild zu tun hat. Außerdem gibt es in einer Sozialfirma vordringlichere Probleme als das, ob jemand homosexuell ist oder während des Ramadan tagsüber nichts isst. Es herrscht eine Art Gleichheit, die auf einer anderen Ebene angesiedelt ist. Die Frage ist nicht, welche Weltanschauung jemand hat, sondern ob man bereit ist, mitzuarbeiten und seinen Teil beizutragen. Wenn ja, ist dies die Elle, mit der gemessen wird. Unterstützt von einer Führungscrew, die unparteiisch handelt, kann die Arbeit tatsächlich zu einem enorm wirkungsvollen Integrationsinstrument werden, durch das alle anderen Unterschiede in den Hintergrund treten.

Der von den Docks praktizierte Führungsstil orientiert sich stärker an Patronvorstellungen des 19. Jahrhunderts als an modernen technokratisch ausgerichteten Managementtheorien. Es ist der persönlich-verbindliche Aspekt der Führung in Verbindung mit einem Menschenbild, das von gegenseitigem Respekt und Vertrauen geprägt ist, der eine besondere, integrative und leistungssteigernde Wirkung erzielt.

Qualitätsmanagement

Systematisches Qualitätsmanagement im Sinne eines gelenkten, methodisch reflektierten und instrumentenbasierten Einwirkens auf die Qualität der Produkte, Prozesse und Dienstleistungen eines Unternehmens ist aus der freien Wirtschaft nicht mehr wegzudenken. Ein auf die spezifischen Bedürfnisse des Betriebs zugeschnittenes Qualitätsmanagementsystem gehört zu den wichtigsten Führungsinstrumenten eines Unternehmens. In den letzten Jahrzehnten hat eine starke Standardisierung und Optimierung aller geschäftsrelevanten Prozesse stattgefunden, und die meisten Firmen verfügen heute über regelmäßig zertifizierte eigene Qualitätsmanagementsysteme.

Im Bereich der Non-Profit-Institutionen haben Qualitätsmanagementsysteme etwas langsamer Einzug gehalten. Es ist in den letzten Jahren aber auch hier eine deutliche Hinwendung zu einem verfeinerten Qualitätsmanagement zu verzeichnen. Generell gibt es im Sozialwesen immer noch gewisse Vorbehalte gegenüber Qualitätsmanagement- und Controlling-Instrumenten; sie gelten vielerorts als eher technokratisch und wenig hilfreich im Alltag und werden oft sogar als unlautere Leistungsdruckmittel verstanden, weil die irrige Meinung herrscht, soziale Leistung könne nicht gemessen und kontrolliert werden. Fälschlicherweise werden Qualitätsmanagementinstrumente auch verantwortlich gemacht für Personalreduktionen und Entlassungen im Zusammenhang mit Reorganisationen und Unternehmensoptimierungen. Diese Sichtweise verstellt jedoch den Blick auf die Chancen zur Professionalisierung und besseren Zielerreichung, die in guten Qualitätsmanagementsystemen stecken.

Wir plädieren für ein rigoroses, im Unternehmen stark verwurzeltes Qualitätsmanagementsystem, das auf die individuellen Bedürfnisse eines Sozialunternehmens zugeschnitten ist. In diesem Bereich gibt es zwar einige Grundlagen und Basissysteme von der Stange, diese tragen allerdings den doppelten Zielen des Sozialunternehmens meist wenig Rechnung. Wer ein gutes Qualitätsmanagementsystem für sein Sozialunternehmen sucht, kommt also nicht umhin, selbst eines aufzubauen, das den sozialen ebenso wie den betriebswirtschaftlichen Zielen gerecht werden kann. Hilfreich sind hierfür die Vorgaben für eine Zertifizierung, wie sie im angestrebten Marktbereich üblich sind. Für den Industriebereich ist dies beispielsweise die ISO 9001 Norm. Zur Erreichung der Zertifizierungsreife gibt es externe Fachpersonen, die den Prozess begleiten können; allerdings ist die Situation in Sozialfirmen heute noch so außergewöhnlich, dass es sich lohnt, die Federführung des Prozesses in die Hände des hauptverantwortlichen Geschäftsführers zu legen. Zudem sollte die Zeit bis zur Zertifizierung auch dafür genutzt werden, die Prozesse, die Organisation und die Tätigkeitsfelder des Unternehmens unter den Prämissen des Qualitätsmanagements eines konsequent kundenorientierten Betriebs noch einmal genau durchzudenken.

Wer plant, stärker ins Qualitätsmanagement zu investieren, tut gut daran, in erster Linie die Belegschaft vom Nutzen solcher Instrumente zu überzeugen und diese Schritt für Schritt zusammen mit den Mitarbeitenden zu erarbeiten. Zudem muss man das ganze System so flexibel erhalten, dass es den Bedürfnissen des Unternehmens möglichst optimal gerecht werden kann. Qualitätsmanagementsysteme dienen nämlich nicht ausschließlich dem Management, wie der Name anzudeuten scheint; täglich genutzte Instrumente wie zum Beispiel gelenkte Vorgabedokumente und festgelegte Abläufe, die einen geschlossenen Regelkreis beinhalten, erleichtern den Arbeitsalltag auch in den Produktionshallen an vorderster Front sehr.

Am wirkungsvollsten und wertvollsten sind Qualitätsmanagementsysteme jedoch tatsächlich für das Management. Wer ein Sozialunternehmen führt, hat damit einen Werkzeugkasten zur Hand, der die Führungsarbeit strukturiert, rhythmisiert und sicherstellt, dass Risiken rechtzeitig erkannt werden können. Vorausgesetzt, die Instrumente werden im Alltag konsequent angewendet, schafft man mit ihnen im Betrieb eine Ordnungsmäßigkeit (»Compliance«), die auch in einem hektischen und hochveränderlichen Arbeitsumfeld Sicherheit schafft. Qualitätsverbesserungen werden im System ebenso ablesbar wie strukturelle Qualitätsprobleme; darüber hinaus werden komplexe Unternehmen mit unterschiedlichen Geschäftsfeldern besser steuerbar.

Ein Qualitätsmanagementsystem zu erstellen, das auf die exakten Bedürfnisse und Anforderungen des Betriebs zugeschnitten ist, ist eine Aufgabe, die mehr als ein Jahr Zeit beansprucht. Der Prozess ist nicht nur für das Management eine spannende und lehrreiche Herausforderung, sondern bietet allen Beteiligten vielfältige Lern- und Reflexionsmöglichkeiten über das Warum und das Wie ihres Arbeitens. Gerade weil es für Mitarbeitende von Sozialfirmen so wenig geeignete Weiterbildungsmöglichkeiten gibt, birgt ein solcher Prozess wertvolles Potential für die Personalentwicklung. Gleichzeitig schafft es für die Führungscrew maßgeschneiderte Instrumente für die Besonderheiten der Führungsaufgabe im Sozialfirmenalltag.

Der Qualitätsbegriff in solchen Systemen basiert in erster Linie darauf, Kundenwünsche zu verstehen, diese zu respektieren und daraus entsprechende Produkte und Dienstleistungen zu entwickeln. Gerade deshalb ist ein seriöses Qualitätsmanagementsystem so unabdingbar für ein Arbeitsintegrationsprogramm, das eine Annäherung an den Markt anstrebt. Die Instrumente müssen sich jedoch auf den externen Wertschöpfungsmarkt ebenso beziehen wie auf die sozialen Kunden (zum Beispiel die Sozialämter); nur so schaffen sie auch gegenüber den institutionellen Auftraggebern der Arbeitsintegration mehr Professionalität, Kundenorientierung und Transparenz. Unternehmen mit einem gut funktionierenden Qualitätsmanagement legen daher Wert auf einen kontinuierlichen Austausch mit den Kunden, um schnell auf deren geänderte Wünsche reagieren zu können und die Produktqualität zu sichern. So gesehen, helfen Qualitätsmanagementsysteme, den Fokus auf die Kundenorientierung zu halten und diesbezüglich laufend nach Verbesserungen zu suchen und diese dann zu implementieren. Damit werden sie zwei der zentralen Aufgaben von Sozialfirmen gerecht, der konsequenten Ausrichtung auf die Bedürfnisse der Kunden und der mit dem veränderlichen Marktumfeld verbundenen Flexibilität.

In den Docks haben wir selbst sehr gute Erfahrungen gemacht mit der Einführung unseres Qualitätsmanagementsystems. Die Arbeit an den Qualitätsinstrumenten hat uns einen großen Schritt weitergebracht auf dem Weg zu einer marktorientierten Sozialfirma. Im Bereich unserer gewerblichen und industriellen Prozesse arbeiten auch die Arbeitnehmenden heute gern mit den Instrumenten. Sie wissen um die geforderte Qualität, und im Hinblick auf eine Tätigkeit in einem anderen Industriebetrieb hilft es ihnen, wenn sie gelernt haben, mit Prüfplänen zu arbeiten, und wissen, was ein taugliches Prüfmittel ist, wie eine ordnungsgemäße Ausschussbezeichnung aussehen soll, oder was ein Freigabemuster genau ist. Ordnung, klare Strukturen, Abläufe und Vorgaben entlasten die Arbeitnehmenden nicht nur und helfen ihnen, sich im Betrieb zurechtzufinden, sie geben ihnen auch Sicherheit. In allen unseren Betrieben wird nach denselben Vorgaben gearbeitet; die allermeisten Abläufe, Vorgabedokumente und Formulare sehen in allen Docks genau gleich aus. Damit vereinfachen wir nicht nur für das Management den Arbeitsalltag, sondern in besonderem Maße auch für unsere Arbeitnehmenden. Wenn wir sie nämlich wegen einer Auftragsspitze in einem anderen Dock einsetzen, finden sie dort völlig vertraute Abläufe vor. Sie machen die Erfahrung, dass Arbeiten auch an einem anderen Ort gut zu meistern ist, finden sich in kurzer Zeit zurecht und sind fähig, ihre Kolleginnen und Kollegen vom Schwesterbetrieb rasch und wirkungsvoll zu unterstützen. So erleichtern die Instrumente eines Qualitätsmanagementsystems sogar die Flexibilitätsförderung unserer Arbeitnehmenden und helfen uns somit, eine weitere unserer Kernaufgaben besser wahrzunehmen. Denn wenn wir mit dem Ziel der Reintegration in den Ersten Arbeitsmarkt arbeiten, lohnt es sich, in ein Arbeitsumfeld und in Strukturen zu investieren, die sich von denjenigen im Ersten Arbeitsmarkt möglichst wenig unterscheiden.

Die Angst, dass derartige Instrumente den Betrieb und die Innovationskraft lähmen könnten und unnötige Bürokratisierungen auslösen, halten wir für unbegründet. Im Gegenteil: Es hat sich gezeigt, dass Instrumente wie der formalisierte Verbesserungsvorschlag rege genutzt werden, und zwar auf allen Stufen. Die Sicherheit, dass auf einen Vorschlag rasch und in jedem Fall eine begründete Antwort oder eine Lösung folgt, beflügelt die Innovationskraft und das Mitdenken des Personals. Voraussetzung für diesen positiven Effekt ist allerdings, dass das Management dafür sorgt, dass mit dem Qualitätsmanagement nur so viel geregelt wird, wie für den Betrieb nötig ist, und die Regelungen veränderten Umständen rasch angepasst werden können.

Planung

Eine durchdachte Planung gilt als Königsdisziplin der Unternehmensführung. Wer jedoch eine Sozialfirma führt, bemerkt rasch, dass Planung hier eine sehr viel beschränktere Reichweite hat als in herkömmlichen Unternehmen und dass selbst kurz- und mittelfristige Planung nahezu unmöglich ist. Dies hängt damit zusammen, dass Sozialfirmen nicht völlig eigenständige Akteure im Wirtschaftsgeschehen sind. Als Bestandteil des Zweiten Arbeitsmarktes sind sie der freien Wirtschaft immer nachgelagert. Dies gilt besonders für industrienahe Sozialfirmen. Als subventionierte Betriebe dürfen sie sich im Wettbewerb nicht frei bewegen; und sie können nicht im selben Umfang auf dem Markt agieren wie herkömmliche Unternehmen, da sie der freien Wirtschaft immer den Vortritt lassen müssen. Folglich müssen sie lernen, möglichst schnell zu reagieren. Sozialfirmen sind also keine Akteure, aber sie können gewissermaßen als Reakteure eine bislang unterschätzte Rolle spielen. Die Kunst der Planung besteht darin, diese möglichst kurzfristig zu halten und die einzelnen Schritte immer wieder anzupassen, ohne dabei die großen Ziele aus den Augen zu verlieren. Die Planung teilt sich also auf in die Festlegung von großen Zielen in Form von Jahreszielen und Strategien und in die rasche, flexible Reaktion auf sich verändernde Umstände. Feinplanungen im Sinne von terminierten Aktionsplanungen sind nur sehr schwer möglich. Auch die professionelle Führung einer Sozialfirma kann nicht auf Planungsinstrumente verzichten.

Drei Aspekte erschweren Planungsvorhaben in Sozialfirmen: Erstens die wirtschaftliche Entwicklung. Wenn sich die Konjunktur ändert, wirkt sich dies sehr rasch auf die Sozialfirmen aus. Hochkonjunkturzeiten bringen nicht nur dem Ersten Arbeitsmarkt Auftragsspitzen; mit einer gewissen zeitlichen Verzögerung gelingt es dann auch den Sozialfirmen, leichter Aufträge zu bekommen, da sie den herkömmlichen Firmen helfen können, Spitzen zu brechen. Sozialfirmen wirken hier immer auch als Puffer. Unmittelbarer sind die Folgen konjunktureller Schwächen auf die Auftragslage von Sozialfirmen, denn die Rücknahme von ausgelagerten Arbeitsschritten und die Blockade von neuen Aufträgen für Dritte gehören zu den naheliegenden unternehmerischen Sofortmaßnahmen der freien Wirtschaft in Krisenzeiten.

Zweitens wird die Planung in Sozialfirmen auch durch die Zusammensetzung der Belegschaft eingeschränkt. Da nur zugewiesene Arbeitnehmende beschäftigt werden können, verändern sich die Profile der Mitarbeitenden, ohne dass die Führung dies beeinflussen kann. Gerade weil die Integration in den Ersten Arbeitsmarkt das oberste Ziel der sozialen Tätigkeit ist, muss die Sozialfirma gutes Personal, das wieder eine Stelle gefunden hat, von einem Tag auf den anderen gehen lassen. Damit geht immer wieder wertvolles Know-how verloren. Dieser Prozess ist nicht plan- oder steuerbar, ohne das Ziel der Integration zu tangieren. Hier kreuzen sich die unternehmerischen mit den sozialen Zielen, wobei Letztere immer Priorität haben. Die Profile der Arbeitnehmenden sind aber auch längerfristigen Schwankungen unterworfen, denn in Hochkonjunkturzeiten, also zu einem Zeitpunkt, in dem sich leicht anspruchsvolle Arbeit finden lässt, sinkt das Profil der Arbeitnehmenden in Sozialfirmen, da die Hürden für den Wiedereinstieg in den Ersten Arbeitsmarkt niedriger sind. Umgekehrt steigen die Ressourcen der Arbeitskräfte während einer Krise an, weil dann manch einer gezwungen ist, in einer Sozialfirma zu arbeiten, der in besserer Wirtschaftslage rasch wieder eine Stelle finden würde. Ein antizyklisches Verhalten ist in dieser Beziehung nicht möglich.

Der dritte einschränkende Faktor für eine detaillierte Planung ist im politischen Umfeld auszumachen. Dieses lässt sich von Sozialfirmen selbst mittels professioneller Öffentlichkeitsarbeit nur schlecht beeinflussen. So ist es äußerst schwierig abzuschätzen, wann und warum eine Aktion politische Diskussionen nach sich zieht. Die diesbezüglichen Differenzen in den einzelnen Kantonen und Gemeinden sind beträchtlich. Während vielerorts großes Wohlwollen für den Zweiten Arbeitsmarkt zu spüren ist, reicht andernorts eine falsche Bewegung, um ein ganzes Feuerwerk an Empörung zu entfachen. Der Zweite Arbeitsmarkt kann in Zeiten schwächerer Konjunktur leicht Irritationen auslösen, die nicht immer vorhersehbar sind. Die Vorstellung, einen subventionierten Betrieb am Marktgeschehen zu haben, verunsichert in schwierigen wirtschaftlichen Situationen besonders leicht. Deshalb ist von der Sozialfirmenführung viel Transparenz und konstante Vertrauensbildung gefordert. Professionelle Planung wird unter dieser Prämisse rasch als bedrohlich empfunden, da der politische Konsens eher darauf zielt, die Sozialfirmen zu weniger eigenem Aktivismus und mehr geschmeidiger Reaktion zu verpflichten.

Auftragsplanung

Die oben aufgestellten Grundsätze gelten auch für die Auftragsplanung, denn die schwierige Planbarkeit führt leicht zu Auslastungsproblemen. Stark schwankende Auslastungen lassen sich nicht vermeiden, dennoch sind auch Sozialfirmen auf verlässliche Grundauslastungen angewiesen, müssen sie doch ihr Personal regelmäßig beschäftigen können. Verlässliche Partner zu haben, die ihnen Grundauslastungen garantieren können, ist eine absolute Notwendigkeit. In Industriebetrieben sind dies oft Firmen, die große Stückzahlen in Auftrag geben und die mit längerfristigen Zusammenarbeitsverträgen eingebunden werden müssen.

Gerade weil der Zweite Arbeitsmarkt so stark auf die Reaktion festgelegt ist, sind Kundennähe und gegenseitiges Vertrauen unabdingbar. Wenn dieses erarbeitet worden ist, kann der Umgang mit viel Offenheit gestaltet werden. Der Kunde muss wissen, wie groß die Kapazitäten der Sozialfirma wirklich sind und wie verbindlich Termine eingehalten werden können. Umgekehrt müssen die vulnerablen Sozialfirmen unbedingt mit ihren Kunden offen über die Preisgestaltungen reden und sicherstellen können, dass es sich bei der abgegebenen Arbeit nicht um Arbeitsschritte handelt, die im eigenen Land reguläre Arbeitsplätze gefährden, und dass sie mit ihrer Preispolitik kein Lohndumping betreiben. Der Idealzustand ist dann erreicht, wenn der Kunde der Sozialfirma vertraulichen Einblick in die eigenen Produktionsplanungen gewährt. Damit gewinnt die Sozialfirma zwar nicht mehr Handlungsspielraum, aber mehr Zeit für die eigene Auftragsplanung, Personaldisposition und Akquiseplanung.

In Hochkonjunkturzeiten ist die Auftragsplanung einfacher, da sich die Kunden eher auf verbindlichere längerfristige Zusammenarbeitsverträge einlassen. In wirtschaftlich schwierigeren Zeiten benötigt die freie Wirtschaft mehr Flexibilität. Für die Sozialfirmen bedeutet dies, dass sie die längerfristigen Zusicherungen verlieren und sich für das Ungewisse wappnen müssen. Sie müssen darauf vertrauen können, dass ihre Geschäftspartner sie gerade dann nicht im Stich lassen. Auf vorher vereinbarte Verträge zu bestehen ist heikel. Wiederum ist das Angebot von möglichst viel Flexibilität und die Austarierung der dadurch entstehenden Schwankungen im Betrieb ein sehr wichtiger Wettbewerbsvorteil gegenüber Anbietern, die weniger marktnah arbeiten.

Personalplanung

Die erschwerte Planbarkeit schlägt sich auch im Personaleinsatz nieder, mit dem die Auftragsschwankungen aufgefangen werden. Wir haben gute Erfahrungen damit gemacht, Arbeitnehmende in der ersten Zeit nur in Teilzeitpensen anzustellen. Dies senkt die Ausfallquote am Anfang, denn die Leistungsfähigkeit und Zuverlässigkeit muss erst einmal schrittweise wiederaufgebaut werden. Gleichzeitig bieten viele Teilzeitverhältnisse auch die Möglichkeit, die Pensen vorübergehend ansteigen zu lassen. Damit werden gleich zwei Ziele auf einmal verfolgt: Erstens können so die Auftragsschwankungen leicht aufgefangen werden, und zweitens lassen sich solche Phasen der periodischen Pensumssteigerung als Belastbarkeitstrainings nutzen. Solche außergewöhnlichen Momente erlauben es den Arbeitnehmenden, sich selbst und dem Betrieb zu beweisen, dass sie zu mehr fähig sind, und sich die Voraussetzungen für einen Lohn- und Stufenanstieg zu erarbeiten. Im Falle eines Scheiterns können sie ihre Anstellung leicht wieder auf die ursprünglichen 50% reduzieren, ohne deswegen gleich die Stelle zu verlieren; und ein erneuter Versuch, ein erhöhtes Pensum zu bewältigen, ist jederzeit möglich.

Gerade weil die Arbeitnehmenden nicht in der Lage sind, alle Schwankungen der Auftragslage gegen oben abzufangen, ist das festangestellte Personal besonders gefordert. Während Überstunden in wirtschaftlich guten Zeiten immer mal wieder abgebaut werden können, ist dies in den eher unsicheren und noch schlechter planbaren Krisenzeiten oft nicht mehr möglich. Die Arbeitstage für das Team werden immer länger, einzelne Wochenendtage müssen eingesetzt werden, um Liegengebliebenes zu erledigen, und Sitzungen müssen häufig in die Zeit nach Feierabend verlegt werden. Da in wirtschaftlich schwierigen Zeiten aus finanziellen Gründen kein zusätzliches Personal eingestellt werden kann, droht dies mittelfristig zu einer Überlastung des Personals zu führen. Die Docks haben auf diese Situation reagiert, indem feste Kompensationsrochaden eingeplant wurden. Das heißt, es gibt eine Planung mit Kompensationsprioritätswochen für das Fachteam und das Management. In diesen Wochen darf man seinen Arbeitseinsatz auf das absolute zeitliche Minimum reduzieren und möglichst viele Überstunden kompensieren, um dann in den nächsten Wochen von Neuem frisch und voller Energie den unplanbaren Anforderungen gerecht zu werden – und wieder Überstunden anzuhäufen. Wir haben dieses

System eingeführt, weil die aufgrund schlechter Planbarkeit stark schwankende Arbeitsbelastung auch jegliche Freizeitplanung massiv erschwerte. Mit diesem Instrument lassen sich zwar nicht immer alle Überstunden abbauen, aber die Mitarbeiter können in verbindlichen, planbaren Zeitintervallen wieder einmal durchatmen.

Wenn man den terminlichen Anforderungen nicht mehr gerecht werden kann, indem die Pensen der Arbeitnehmenden aufgestockt werden, greifen wir in einzelnen Abteilungen zu Anderthalb- oder Zweischichtarbeit. Die Arbeit in den Zusatzschichten findet auf freiwilliger Basis statt; überraschend ist dabei immer wieder das positive Echo auf Anfragen zur Schichtverlängerung. Erstaunlich viele Arbeitnehmende tragen in außergewöhnlichen Situationen sehr gern zur Lösung bei, sie engagieren sich mit viel Elan und scheinen es zu schätzen, wirklich gebraucht zu werden. Trotz des Erfolges der Schichtarbeit auch in Bezug auf die Integration planen wir solche außerordentlichen Arbeitszeiten nicht ein; sie fallen nur dann an, wenn wir Gefahr laufen, trotz allen Mitteln der Planung Termine nicht einhalten zu können.

Strategische Planung

Strategisch zu planen bedeutet für eine Sozialfirma, Sozialpolitik zu betreiben. Darüber müssen sich die Führung ebenso wie das strategische Gremium, also der Verwaltungs- oder Aufsichtsrat, im Klaren sein. Man kann es drehen und wenden, wie man will: Die Frage, wo wie viele neue Arbeitsplätze für Erwerbsbeeinträchtigte entstehen sollen und wie sich eine Sozialfirma positionieren soll, erfordert auch eine politische Antwort. Für die Verwaltungsräte bedeutet dies, dass sie in ihren strategischen Entscheidungen nicht frei sind, sondern stark auf die lokalen sozialpolitischen Akteure Rücksicht nehmen müssen. Es empfiehlt sich, diese Akteure zu benennen, sie sorgfältig und in kleinen Schritten in die strategische Planung einzubinden und so das nötige Vertrauen für allfällige größere Schritte zu schaffen. Die Crux liegt darin, dass Sozialpolitik völlig anderen Gesetzen unterworfen ist als die betriebswirtschaftlich notwendige strategische Führung.

Finanzen

Sozialfirmen engagieren sich mit unternehmerischen Mitteln im Bereich der Arbeitsintegration, weshalb das Finanzielle bei ihnen einen hohen Stellenwert hat. Diese werden dafür eingesetzt, die Arbeitsintegration in möglichst hoher Qualität und Wirkung zu halten. Ziel dieses Vorgehens ist nicht, auf dem Rücken der Ärmsten zu sparen, sondern Arbeitsintegration im großen Stil längerfristig politisch durchsetzbar und volkswirtschaftlich verträglich zu gestalten. Die unternehmerische Herausforderung dahinter: Es geht darum, Langzeitarbeitslose längerfristig in Sozialfirmen zu beschäftigen, ohne dass dies den Staat maßgeblich teurer zu stehen kommt als die wirtschaftliche Sozialhilfe allein.

Heute ist dies bei Weitem nicht so. Ein Integrationsarbeitsplatz in einem Beschäftigungsprogramm kostet den Staat netto leicht über 1500 CHF (rund 985 EUR) pro Monat – zusätzlich zur wirtschaftlichen Sozialhilfe. Dies erklärt, weshalb Arbeitsintegrationsprogramme gerade in wirtschaftlich schwierigen Zeiten, also dann, wenn sie besonders gebraucht werden, leicht zum Spielball politischer Sparübungen werden können. Hinzu kommt der Umstand, dass sich die hohen Kosten von Arbeitsintegrationsprogrammen oft nicht in besonders hohen Reintegrationsquoten in den Ersten Arbeitsmarkt niederschlagen. Vor diesem Hintergrund ist es verständlich, dass die Anbieter derartiger Programme einem gewissen Kostendruck unterworfen sind. Im Moment schlägt dieser Druck in der Schweiz noch kaum direkt auf die Anbieter durch; vielmehr ist es so, dass in vielen Regionen aus Kostengründen erst gar keine Arbeitsintegrationsmaßnahmen für ausgesteuerte Sozialhilfebeziehende ergriffen werden. Es ist jedoch abzusehen, dass der finanzielle Druck auch auf die bestehenden Anbieter zunehmen wird. Wenn man verhindern will, dass Programme schließen müssen, weil sie durch die öffentliche Hand nicht mehr ausreichend finanziert werden, müssen günstigere sowie sozial und finanziell nachhaltigere Lösungen gefunden werden. Sozialfirmen setzen hier an, indem sie mit betriebswirtschaftlichen Mitteln versuchen, qualitativ hochstehende Arbeitsintegrationsplattformen anzubieten, und damit die Kosten möglichst niedrig halten.

Die finanziellen Aspekte sind im Einzelfall recht kompliziert und abhängig davon, ob es sich um eine Integrationsfirma für Sozialhilfebeziehende, für Arbeitslose im Rahmen der Arbeitslosenversicherung, für Personen mit Invalidenversicherung oder um eine Kombination aus diesen Gruppen handelt. Selbstverständlich kommen, je nach gesetzlichen Vorgaben, auch noch unterschiedliche Berechnungsformen der Zuschüsse hinzu, die von Land zu Land deutlich variieren können. Alle diese Differenzen lassen kein einheitliches Berechnungsschema zu. Die unterschiedlichen Zufinanzierungen verzerren sämtliche vergleichenden Aussagen und erschweren die Diskussion über finanzielle Aspekte von Sozialfirmen. Oft ist es auch so, dass die rechtlichen Voraussetzungen – beispielsweise im Bereich der Invalidenversicherung – die unternehmerischen Möglichkeiten massiv einschränken. Es gibt unterschiedliche Finanzierungssysteme für Langzeitarbeitslose: Es gibt solche, die eine (Teil-) Invalidenrente erhalten, andere, die noch Anrecht auf Taggelder der Arbeitslosenversicherung haben, und als dritte Gruppe die Ausgesteuerten, also die Sozialhilfebeziehenden. Hier sind gezielte Deregulierungen unbedingt angezeigt. Zählt man Personen dazu, die schon mehr als ein Jahr nicht mehr gearbeitet haben und über die Krankentaggeldversicherungen oder die Schweizerische Unfallversicherungsanstalt (SUVA) bezahlt werden, stehen hinter einer Zielgruppe, die sich in ihren Bedürfnissen oft nicht maßgeblich unterscheidet, völlig unterschiedliche Systeme. Eine Anstellung in einer Sozialfirma, die allen Beschäftigten dieselben Lohnvoraussetzungen bietet, hätte deshalb für viele fatale sozialversicherungsrechtliche Folgen. So würden einige ihre Berechtigung auf ihre Invalidenrente verlieren, andere müssten sich mit einem tieferen Arbeitslosentaggeld zufriedengeben.

Es ist in diesem Rahmen nicht möglich, alle schweizerischen Besonderheiten im Detail durchzurechnen und zu präsentieren. Die im Folgenden diskutierten finanziellen Fragen und erläuterten Kennzahlen machen aber Vergleiche möglich und zeigen eine Richtung auf, in die es weiterzudenken lohnt. Für Sozialunternehmerinnen und Sozialunternehmer ist es von Nutzen, diese Prämissen sorgfältig zu überdenken und zu versuchen, sie auf die bestehende oder geplante Sozialfirma anzuwenden.

Generell gehen wir davon aus, dass eine Sozialfirma Löhne zahlt wie jede andere Firma auch. Im Unterschied dazu müssen heute beispielsweise Beschäftigungsprogramme für Arbeitslose, die noch den Schutz der Arbeitslosenversicherung genießen, ihrer erwerbslosen Belegschaft selbst kein Gehalt bezahlen, da diese über die Arbeitslosenkasse direkt unterstützt wird. Dieser Umstand führt dazu, dass es für ein solches Programm sehr leicht möglich ist, einen vergleichsweise hohen Anteil des Betriebsaufwands mit Kundenaufträgen direkt am Markt wieder zu erwirtschaften. Die Bezahlung von Löhnen gehört zu den zentralen arbeitgeberischen Aufgaben, weshalb es für eine Sozialfirma sehr wichtig ist, dass sie diese auch erfüllt. Sie muss sich hinsichtlich der Gehälter an der Leistung der Belegschaft orientieren und diesbezüglich einen klaren unternehmerischen Spielraum haben. Da die beschäftigten Personen teilweise leistungsbeeinträchtigt sind, sollen die Gehälter auch nach unten angepasst werden können. Dies bedeutet, dass eine Sozialfirma Angestellten mit eingeschränkter Leistung tiefere Löhne zahlen kann, als sie im Ersten Arbeitsmarkt für unqualifizierte Arbeitskräfte ortsüblich sind. Selbstverständlich sind damit auch höhere Anforderungen an die Transparenz verbunden. Zu diesem Zweck ist die Einrichtung von tripartiten Kommissionen mit Vertretern aus Gewerkschaften, der öffentlichen Hand und dem Gewerbe beziehungsweise der Industrie von großem Nutzen. Sozialfirmen tun gut daran, ihre Lohnpolitik gegenüber diesen Kommissionen selbstkritisch und regelmäßig offenzulegen.

Sozialpolitische Ziele sozialunternehmerischen Handelns

Arbeit soll sich lohnen, das heißt, wer arbeitet, soll auch dafür bezahlt werden. Dieser Grundsatz gilt auch für Sozialfirmen. Deshalb ist es äußerst wichtig, dass Sozialfirmen eine eigene integrative Lohnpolitik gestalten können; integrativ bedeutet, dass damit Anreize hin zu einer Stelle im Ersten Arbeitsmarkt geschaffen werden. Bezahlt eine Sozialfirma dieselben Gehälter wie der Erste Arbeitsmarkt, fällt für die Langzeitarbeitslosen der finanzielle Anreiz für eine Stelle im Ersten Arbeitsmarkt weg, und sie drohen, zu lange in der Sozialfirma zu verweilen.

Wie schon erwähnt, sollen die Arbeitsplätze für Erwerbsbeeinträchtigte die öffentliche Hand nicht wesentlich teurer zu stehen kommen als die Nettosozialhilfekosten. Es muss möglich sein, mit den für den Zweiten Arbeitsmarkt zugelassenen Arbeiten so viel Ertrag zu verbuchen, dass damit die gesamte Infrastruktur der Firma erwirtschaftet werden kann. Zur Infrastruktur zählen die Lohnkosten für die Fachbelegschaft und das Management, die Mietkosten, die Aufwände für Maschinen, Werkzeuge und IT. Gleichzeitig sollen arbeitende Sozialhilfebeziehende am Ende des Monats mehr Geld in der Tasche haben als nur die wirtschaftliche Sozialhilfe. Deshalb erhalten alle, die arbeiten, auch einen Integrationszuschlag beziehungsweise einen Einkommensfreibetrag, der dem Umfang ihrer Erwerbstätigkeit entspricht. Dieser Anreiz wurde in der letzten Revision der Richtlinien der Schweizerischen Konferenz für Sozialhilfe geschaffen und ist in der ganzen Schweiz gültig. Außerdem entstehen durch eine Erwerbstätigkeit wieder Spesen für die öffentlichen Verkehrsmittel für den Arbeitsweg und für das Auswärtsessen im Falle eines ganztägigen Einsatzes. Auch in diesem Fall muss das Sozialamt in die Tasche greifen, um einen Anreiz und keinen Nachteil für diejenigen zu schaffen, die einer Arbeit nachgehen.

Für ihre Arbeit in der Sozialfirma sollen alle ein möglichst leistungsgerechtes Gehalt bekommen. Dock verfährt nach dem Grundsatz, dass dieses bis zu einer Ablösung von der Sozialhilfe einmal monatlich im Stundenlohn ausbezahlt wird. Wir bleiben beim Stundenlohn bis zu dem Zeitpunkt, in dem jemand mehr verdient, als er oder sie von der Sozialhilfe an finanzieller Unterstützung guthat. Durch den Stundenlohn werden Leistungsschwankungen fassbar gemacht. So kann die Gehaltsabrechnung jeden Monat zum Anreiz und zum Zeugnis über die Leistungsfähigkeit werden. Dieser Umstand wirkt sich jedoch nicht unmittelbar auf die finanzielle Situation der Arbeitnehmenden aus, da Leistungsschwankungen über die wirtschaftliche Sozialhilfe aufgefangen werden. Fällt jedoch die Sozialhilfe in Folge einer Ablösung weg, erfolgt in der Regel ein Wechsel in den Monatslohn, in dem auch bezahlte Ferien enthalten sind. Vor der Ablösung wurden die Ferien über das Sozialamt ausbezahlt. Finanzielle Engpässe, die sonst durch die Abgeltung im Stundenlohn leicht entstehen können, wurden so verhindert.

Wenn also jemand bei uns mit seiner Arbeit beginnt, verdient er oder sie in einer 50%-Stelle monatlich etwa 1000 CHF (rund 660 EUR). Dieser Betrag wird in der Regel direkt an den Arbeitnehmenden ausbezahlt, und wir melden dem Sozialamt unsere Lohnkosten für den betreffenden Arbeitnehmenden (inklusive Arbeitgeberbeitrag der Sozialversicherungen). Das Sozialamt verrechnet den Lohn monatlich mit dem Sozialhilfeanspruch des Arbeitnehmenden und zahlt die Differenz bis zum errechneten Bedarf, den Anreiz (Integrationszuschlag oder Einkommensfreibetrag) und die korrekten Spesen zusätzlich aus.

In den Docks haben wir im Laufe der letzten Jahre ein spezielles Finanzierungssystem entwickelt, das die Zusammenarbeit mit den Sozialämtern regelt. Um dem Ziel einer leistungsgerechten Entlöhnung und einer Kostenneutralität für das Sozialamt möglichst einfach nahezukommen, wurde mit den Sozialämtern vereinbart, dass wir ihnen einmal pro Monat die aufgelaufenen Lohnkosten für die langzeiterwerbslosen Arbeitnehmenden in Rechnung stellen; wir haben also ein Lohnkostenrefinanzierungssystem eingeführt. Unsere langjährigen Erfahrungen haben gezeigt, dass sich mit diesem einfach zu handhabenden System die Kosten für die Sozialämter ebenso leicht kontrollieren lassen wie für uns. Diese Methode wirkt einerseits individuell und lenkt den Blick auf den Klienten. Wenn also jemand wegen ständiger unentschuldigter Absenzen in einem Monat nur 20 Stunden gearbeitet hat, beträgt der Lohn nur 250 CHF (rund 165 EUR), und wir können dem betreffenden Sozialamt nur 250 CHF in Rechnung stellen. Dafür müssen wir die gesamte Personaladministration erledigen, ihn verstärkt führen und motivieren. Gleichzeitig generiert eine solche Person sehr wenig Wertschöpfung am Markt. Unternehmerisch wäre es fatal, wenn wir nur solche Arbeitnehmende hätten, dies würde die Sozialfirma rasch in den finanziellen Ruin führen. Gelingt es uns jedoch, die Leute dazu zu motivieren, jeden Tag zur Arbeit zu kommen und gut zu arbeiten, können wir jemanden auch befördern und am Markt mehr Geld durch Kundenaufträge erwirtschaften. Da wir auch diese höheren Lohnkosten einem Sozialamt in Rechnung stellen können, gleicht sich dies für uns wieder aus. Außerdem birgt dieses System auch für uns einen Anreiz, nämlich den, unsere Arbeitnehmenden zu fördern und ihre Leistungsfähigkeit zu verbessern.

Wir vereinbaren daher mit den meisten Gemeinden eine generelle Lohnkostenrefinanzierung und einen Schlüssel der Lohnstufenaufteilung (zum Beispiel 50% aller Arbeitsplätze im Stundenlohn auf Stufe 1, 30% im Stundenlohn auf Stufe 2 und 20% im Monatslohn auf Stufe 2M oder 3). So kommen wir dem Ziel einer weitgehenden Kostenneutralität für die Sozialämter näher und schaffen für uns gleichzeitig transparente und einfache Anreize, um die Arbeitnehmenden zu mehr Leistung zu bringen. Da wir mit der Wertschöpfung der Arbeitnehmenden am Markt unsere ganze Infrastruktur und die Löhne unseres Management-Teams bezahlen müssen, bleiben wir mit diesem System unternehmerisch sehr gefordert.

Wer eine Sozialfirma führt, weiß, dass die Sozialversicherungen überdurchschnittlich strapaziert werden, da die Belegschaft fast ausschließlich aus Risikofällen besteht. Aus diesem Grund verrechnen wir den Sozialämtern nicht nur die Nettolohnkosten, sondern die Arbeitgeberlohnkosten, also die Löhne inklusive der Sozialversicherungsbeiträge. Mit den Erträgen aus den Sozialversicherungen wird allerdings längerfristig auch die Sozialhilfe entlastet. So fließen mit der Anstellung wieder Kinderzulagen, die Arbeitnehmenden haben erneut eine Betriebs- und Nichtbetriebsunfallversicherung, erarbeiten sich abermals eine Rahmenfrist für die Arbeitslosenversicherung, zahlen von Neuem regelmäßig in ihre Altersvorsorge (AHV) ein, und wenn sie mehr als den Minimalbetrag für die Pensionskassenpflicht pro Jahr verdienen (über 22 250 CHF, rund 14 600 EUR), werden sie überdies erneut pensionskassenpflichtig und äufnen Gelder für die zweite Säule ihrer Altersvorsorge. All diese Gelder kommen indirekt der Sozialhilfe zugute.

Sozialunternehmerisches Handeln soll deshalb volkswirtschaftlich in zweierlei Hinsicht eine positive Wirkung haben. Erstens sollen die Arbeitsplätze und das damit verbundene Arbeitstraining neue Perspektiven schaffen für einen erfolgreichen Wiedereinstieg in den Ersten Arbeitsmarkt; damit soll der Verfestigung der Sockelarbeitslosigkeit entgegengewirkt werden. Volkswirtschaftlich entlastet jede wiedereingegliederte Person die Sozialhilfe und somit die öffentliche Hand, dies selbst dann, wenn keine Reintegration auf Dauer zustande kommt. Diese Entlastung kann nur erreicht werden, wenn es gelingt, Arbeitsplätze zu schaffen, die die öffentliche Hand nicht maßgeblich teurer zu stehen kommen als die bisherige wirtschaftliche Sozialhilfe allein. Zweitens soll die unternehmerische Arbeitsintegration diejenigen wieder in sinnvolle Arbeitsprozesse einbinden, die sonst zur Untätigkeit verdammt zu Hause sitzen müssten. Damit wird Motivation geschaffen, persönliches Wohlbefinden gesteigert und die sozialen Kontakte werden wieder gestärkt, was indirekt die staatlichen Hilfsstrukturen entlastet.

Dringender politischer Beantwortung bedarf die Frage, ob die Refinanzierung der von der Sozialfirma ausbezahlten Löhne durch das Sozialamt in die individuellen Schulden des Einzelnen mit eingerechnet wird. Wer vom Sozialamt finanzielle Unterstützung bekommt, macht dadurch bei diesem Schulden, die generell rückzahlungspflichtig sind. Im Falle einer Beschäftigung in einer Sozialfirma muss geklärt werden, ob die an die Sozialfirma geleisteten individuellen Lohnrefinanzierungen diesen Schulden hinzugefügt werden können oder nicht. Dies ist heute politisch ungenügend geklärt, obschon gemäß den Richtlinien der Schweizerischen Konferenz für Sozialhilfe Integrationszulagen oder Einkommensfreibeträge von der Rückerstattungspflicht ausgenommen werden sollen. Dementsprechend gibt es Sozialämter, die auch die refinanzierten Löhne der Sozialfirma in die Sozialamtsschulden der Betroffenen mit einrechnen, und andere, die diese Kosten separat abrechnen. Da heute die Dauer der Sozialhilfebezüge zunimmt, schnellen diese Schulden in die Höhe. Es kommt vor, dass Arbeitnehmende sehr rasch zur Arbeit in einer Sozialfirma verpflichtet werden und damit dem Prinzip der Gegenleistung, das im Sozialhilfegesetz verankert ist, von Anfang an Folge leisten. In solchen Fällen ist eine Rückerstattungspflicht besonders stoßend.

Organisatorische und rechtliche Voraussetzungen

Was die Organisationsform betrifft, sollten sich Sozialfirmen nicht von herkömmlichen Firmen unterscheiden; dementsprechend eignen sich klassische Gesellschaftsformen wie die Aktiengesellschaft oder die Gesellschaft mit beschränkter Haftung gut auch für solche Unternehmen. Da Sozialfirmen nur beschränkt geschäftlich tätig sein können und zusätzliche Gelder der öffentlichen Hand oder von Sozialversicherungen bekommen, stellt sich die Frage, ob sie vollumfänglich steuerpflichtig sein sollen. In der Schweiz existiert für die genannten Gesellschaftsformen keine generelle Steuerbefreiung, es ist allerdings möglich, eine Sozialfirma mittels Antrag an das kantonale Steueramt von der Gewinnsteuer befreien zu lassen. Wir raten allen, die eine Sozialfirma aufbauen wollen, die Steuerbefreiung ihrer Sozialfirma schon vor der Gründung abklären zu lassen und ihre Statuten auf dieses Ziel hin auszurichten. Sozialfirmen tun gut daran, ihr Verhältnis zum Geld auch statutarisch festzuschreiben, so hat es sich beispielsweise bewährt, einen klaren sozialen Zweck zu definieren. Es muss aus den Statuten klar hervorgehen, wie der Gewinn verwendet werden soll, denn hier liegt ein klarer Unterschied zu herkömmlichen Firmen. Typisch für Sozialfirmen ist, dass sie sich verpflichten, allfällige Gewinne wieder im Sinn ihrer sozialen Ziele zu reinvestieren, dass sie also keine Tantiemen, keine Dividenden und für die Verwaltungsräte kein nennenswertes Verwaltungsratshonorar bezahlen. Außerdem versteht es sich für sie von selbst, dass sie sich als Unternehmen des Zweiten Arbeitsmarktes den darin geltenden Regeln und Vorgaben unterwerfen.

Anders als in der Schweiz gibt es in Deutschland spezielle Rechtsformen für steuerbefreite Integrationsunternehmen. Auch diese bedürfen allerdings eines Bewilligungsverfahrens, können im Fall eines positiven Bescheids aber zusätzlich mit einer Ermäßigung der Umsatzsteuer rechnen.

Sozialversicherungen für Sozialfirmen

Wer während der Gründung einer Sozialfirma einen Partner für eine Krankentaggeldversicherung oder eine Pensionskasse sucht, wird feststellen, dass die zur Offerte eingeladenen Versicherungen leicht konsterniert reagieren, wenn sie bemerken, dass sich die Belegschaft einer Sozialfirma vor allem aus Risikogruppen zusammensetzt. Personen, die von der Sozialhilfe leben, sind tatsächlich statistisch einer höheren Invalidisierungsgefahr ausgesetzt als die Belegschaft einer herkömmlichen Firma.

Dock hat von der Seite der Versicherungen großes Entgegenkommen erfahren. Sollten sich jedoch in den nächsten Jahren viele neue Sozialfirmen bilden, die ihre Belegschaft versichern wollen, ist mit höheren Beitragssätzen zu rechnen. Bereits heute ist abzusehen, dass in der nächsten Revision der Schweizerischen Arbeitslosenversicherung Rahmenfristen, die im Laufe von Arbeitsintegrationsprogrammen erarbeitet wurden, für den Bezug von neuen Arbeitslosentaggeldern nicht mehr gelten werden. Im Falle von Sozialfirmen stellt sich die Frage, ob dies vernünftig ist. Sozialfirmen arbeiten am Markt wie herkömmliche Firmen, und sie zahlen leistungsangepasste Löhne. Sie bekommen Zuschüsse von der öffentlichen Hand als Ausgleich für den Wettbewerbsnachteil durch die Beschäftigung von Erwerbsbeeinträchtigten. Aus Gründen der Rechtsgleichheit müssten sie daher auch im Rahmen der Arbeitslosenversicherung bleiben können. Dies nicht, um Langzeiterwerbslose zwischen den Kassen hin und her schieben zu können, sondern um Perspektiven zu schaffen. Wenn sich jemand bei uns zu einer Festanstellung hochgearbeitet hat und anschließend den Absprung in den Ersten Arbeitsmarkt schafft, nach einem halben Jahr jedoch einen Einbruch erleidet oder aus anderen Gründen wieder gekündigt wird, soll er oder sie nicht gleich wieder in der Sozialhilfe landen und damit quasi wieder auf Feld eins anfangen müssen. Wir haben die Erfahrung gemacht, dass in solchen Fällen der Bezug von Arbeitslosentaggeldern oft nicht sehr lang dauert und ein zweiter Wiedereinstieg in den Ersten Arbeitsmarkt deutlich leichter fällt, als wenn jemand gleich wieder den Gang aufs Sozialamt antreten muss.

Generell wird es in Zukunft darum gehen, neue Formen der Zusammenarbeit zwischen den Sozialfirmen und den Sozialversicherungen zu etablieren. Es gibt ein gemeinsames Ziel, nämlich die Arbeitsintegration, das mit verbesserter Zusammenarbeit erfolgversprechender angegangen werden kann.

Weitere Versicherungen für Sozialfirmen

Bei der Gründung einer Sozialfirma sollten auch Sach- und Haftpflichtversicherungen sorgfältig abgeklärt und intensive Verhandlungen mit einem guten Versicherungsbroker aufgenommen werden. Es ist nicht von der Hand zu weisen, dass Sozialfirmen auch in Bezug auf Haftpflichtversicherungen eine Risikogruppe beschäftigen. Dennoch sind in einer gut geführten Sozialfirma nicht per se höhere Haftpflichtkosten zu erwarten. Die Einführung und Kontrolle der Arbeitnehmenden verlangt aber mehr Sorgfalt als in einer herkömmlichen Firma.

2008 wurde das operative Geschäft unserer Stiftung für Arbeit in eine neue Aktiengesellschaft, die Dock St. Gallen AG, überführt. Aus diesem Anlass haben wir alle Versicherungen überprüft und neu abgeschlossen. Beim Abschluss der Policen kam uns sehr zustatten, dass wir schon seit mehreren Jahren im

Geschäft waren und anhand unserer Unterlagen nachweisen konnten, dass unsere Schadensfälle in den vergangenen sieben Jahren nie über dem Durchschnitt lagen.

Besonders hilfreich war für uns dieser Umstand bei der Suche nach einer neuen Pensionskasse für unsere Arbeitnehmenden. Diese ist auch für herkömmliche Firmen zu einem heiklen Unterfangen geworden, da heute viele Kassen mit Unterdeckungsproblemen zu kämpfen haben und zudem die Leistungen unterschiedlich ausgebildet sind. Bis vor der Überführung in eine Aktiengesellschaft lebten wir in der unbefriedigenden Situation, dass unsere Arbeitnehmenden in einer Pensionskasse versichert waren, die schlechtere Leistungen bot als diejenige, der die Kaderangestellten angeschlossen waren. Bei den Neuverhandlungen im Rahmen der Umfirmierung wollten wir diese Ungleichheit beseitigen. Wir suchten deshalb eine Pensionskasse, die sowohl die Arbeitnehmenden aus der Sozialhilfe als auch die Mitarbeiter versicherte. Die Suche gestaltete sich sehr schwierig. Manche Pensionskasse befürchtete zu viele Versicherungsfälle. Erst eine Offenlegung aller Schadens- und Invaliditätsmeldungen der letzten sieben Jahre unserer Geschäftstätigkeit vermochte die Versicherungsberater zu überzeugen. Die Akten zeigten deutlich, dass die Sorge, unsere Arbeitnehmenden seien besonders häufig von längerer Krankheit oder Invalidität betroffen, unbegründet war. Dieser Umstand mag damit zusammenhängen, dass Personen erst ab einem gewissen Einkommen wieder pensionskassenpflichtig werden. In der Regel betrifft dies eher stärkere und leistungsfähigere Arbeitnehmende und nicht diejenigen, die zwischen Sozialhilfe und Invalidität stehen.

Mehrwertsteuer

In der Schweiz gibt es keinen Mehrwertsteuererlass für Sozialfirmen. Im Gegenteil, sie werden mit Vorsteuerkürzungen belegt, die sich anhand des Anteils der von der öffentlichen Hand erhaltenen Gelder berechnen lassen. Die Subjekt- und Objektbeiträge der öffentlichen Hand sind von der Mehrwertsteuer befreit. Alle anderen Produkte oder Dienstleistungen, die die Sozialfirma verkauft, sind normal mehrwertsteuerpflichtig. Durch die Vorsteuerkürzung auf den Umsatz erhöhen sich die Abgaben an die Mehrwertsteuer im Vergleich zu herkömmlichen Firmen.

Kapitalisierung

Wer eine Sozialfirma gründet, benötigt auch Risikokapital; in diesem Punkt unterscheiden sich Sozialfirmen nicht von herkömmlichen Unternehmen. Die effektiven Kosten für eine Neugründung und die Start-up-Phase lassen sich mittels eines seriösen Businessplans errechnen. Gründungskapital ist Risikokapital, das gilt auch für Sozialfirmen. Allerdings ist es besonders für Sozialfirmen, deren Zielgruppe ausgesteuerte Sozialhilfeempfangende sind, nicht möglich, im Zweiten Arbeitsmarkt dieselbe Wertschöpfung zu erreichen wie eine Firma der freien Wirtschaft. Es ist nicht anzunehmen, dass ein Ertragsüberschuss erwirtschaftet wird, der zur Bezahlung von Zinsen für das Gründungskapital eingesetzt werden kann. Aus diesem Grund wird das Start-up einer Sozialfirmengründung oft von der öffentlichen Hand oder anderen Kostenträgern wie beispielsweise Sozialversicherungen – häufig in Kombination mit Förderstiftungen – à fonds perdu bezahlt, und die Betriebskosten werden anschließend mittels separaten Leistungsvereinbarungen von der öffentlichen Hand oder einer Sozialversicherung mitfinanziert.

Gerade im Behindertenbereich gibt es heute Sozialfirmen, die zu regulären Preisen konkurrierend am Markt operieren und sich von der Wertschöpfung her kaum von herkömmlichen Firmen unterscheiden. Dazu gehören Hotels oder Bäckereien, die mit Hilfe von Behinderten geführt werden. Solche Sozialfirmen haben meist einen höheren Anteil an Fachpersonal und arbeiten zu normalen Konditionen am Markt, viele verbuchen lediglich einen Zuschuss aus der IV als Nachteilsausgleich für die Beschäftigung ihrer psychisch oder körperlich beeinträchtigten Belegschaft. Solchen Firmen ist es oft auch möglich, auf ihrem Gründungs- oder Expansionskapital Zinsen zu bezahlen.

Ein weiteres Problem stellt die Kapitalisierung im laufenden Betrieb dar. Viele Sozialfirmen kämpfen mit der Problematik der Unterkapitalisierung. Gerade weil sie von öffentlichen Geldern mitfinanziert werden, können sie oft kaum Reserven bilden, da dies von den politisch Verantwortlichen aus verständlichen Gründen nicht gern gesehen wird. Sie haben daher immer wieder Probleme mit ihrer Liquidität. Diesbezüglich helfen günstige Kontokorrentkredite oder regelmäßige Vorauszahlungen der vertraglich abgemachten Zahlungen der öffentlichen Hand oder der Sozialversicherung. Da die Sozialfirmen dieselben Kapitalisierungsbedürfnisse wie vergleichbare Firmen im Ersten Arbeitsmarkt haben, müssen sie wenigstens mit der Schaffung von Reserven durch Gewinnvorträge dem besonderen Umstand der Unterkapitalisierung Rechnung tragen.

Erfolgsrechnung

Die Erfolgsrechnung einer Sozialfirma sollte sich nicht von derjenigen eines herkömmlichen Betriebs unterscheiden. Es lohnt sich, wenn der Kontenplan an die Eigenarten der Sozialfirma angepasst wird, grundsätzlich kann dafür aber ein klassischer KMU-Kontenplan als Ausgangspunkt genommen werden. Im Hinblick auf die Kennzahlen ist es jedoch empfehlenswert, bei der Kontenaufstellung einige Besonderheiten zu berücksichtigen: Der Lohnaufwand für das Fachteam und Management und derjenige für die erwerbsbeeinträchtigte Belegschaft sollten in unterschiedlichen Konten geführt werden. Des Weiteren ist eine Aufteilung der Erträge aus Subventionen und Leistungsvereinbarungen in Subjekt- und Objektfinanzierungen äußerst nützlich, da eine solche Voraussetzungen schafft, die die einzelnen

Arbeitsintegrationsfirmen besser miteinander vergleichbar machen. Für die Führung einer Sozialfirma ist es wichtig zu wissen, wie viel die Infrastruktur des Betriebs wirklich kostet; in diese Zahl werden die Konten für die Mitarbeiterlohnkosten, für die Mietkosten, das Verbrauchsmaterial, die Versicherungen, das Büromaterial, die Kosten eines allfälligen Kantinebetriebs, Abschreibungen und nicht versicherte Schäden eingerechnet. Heute sind wir von einer Vergleichbarkeit der verschiedenen Sozialfirmen noch weit entfernt. Es gilt daher in Zukunft aussagekräftige Kennzahlen zu ermitteln, die einen Vergleich der Markt- und Integrationsleistung verschiedener Sozialunternehmen auch tatsächlich möglich machen.

Bilanz

Sozialfirmen im Industriebereich tun gut daran, in ihren Bilanzen keine großen Aktiven zu schaffen und Investitionen so rasch wie möglich abzuschreiben. Gerade wegen der verlangten hohen Flexibilität ist es oft ein Nachteil, wenn zu viele Gelder gebunden sind. Teure Maschinen sind ebenfalls heikel, da die Marktturbulenzen oft große Verschiebungen im Kundensegment und den Auftragsarten nötig machen. Die Flexibilität zu erhalten ist im sehr volatilen Geschäftswesen des Zweiten Arbeitsmarktes eine zentrale Aufgabe der Geschäftsführung. Oft gehen Aufträge sehr kurzfristig ein, und es ist nötig, rasch Dutzende von neuen Arbeitsplätzen aufzubauen und bereitzustellen. Die dazu nötigen Investitionsmittel fehlen, wenn die Gelder dafür gebunden sind. Es ist nur schwer möglich, in solchen Fällen im Rahmen der verfügbaren Zeit Sponsoren zu finden, die die Investitionskosten für die Einrichtung neuer Arbeitsplätze übernehmen.

Für die Bilanz gilt: so wenig Aktiven wie möglich und so viel Liquidität wie nötig. Gemäß diesem Grundsatz sollen Bilanzen schlank gehalten werden. Sozialfirmen, die große Vermögen anhäufen und nicht mehr reinvestieren, weichen von ihren sozialen Zielen ab, denn sie sollten ihre Mittel für die Schaffung von Arbeitsplätzen zur Arbeitsintegration einsetzen; es ist nicht ihre Aufgabe, mehr Gelder zu horten, als sie für den sicheren Fortbestand ihres Betriebes brauchen.

Kennzahlen und Controlling

Die Tatsache, dass Sozialfirmen oft mit einer dünnen Kapitaldecke ausgestattet sind, führt dazu, dass sie leicht in eine bedrohliche finanzielle Schieflage geraten können. Aus diesem Grund ist dem Finanzcontrolling ein besonderes Augenmerk beizumessen. Neben den bekannten Liquiditätsengpässen, die einen Risikofaktor darstellen, gibt es die üblichen Herausforderungen, wie sie andere Firmen auch kennen; diese können mit den bekannten Kennzahlen gemessen werden. Deshalb gehören die Kontrolle der Kennzahlen, der monatliche Budgetvergleich und der monatliche Vorjahresvergleich zu den wichtigsten Pflichten der Geschäftsführung. Auch Sozialfirmen sind großen saisonalen Schwankungen unterworfen, die hauptsächlich mit dem Auftragsmix zusammenhängen. Dazu kommen konjunkturelle Schwankungen, die sich sehr rasch auf die Zahlen auswirken können. Aus diesem Grund muss das Controlling in Sozialfirmen deutlich häufiger und detaillierter geschehen als in hochsubventionierten Integrationsbetrieben. Von besonderer Bedeutung sind auch die Arbeitnehmenden, denn ihre Zusammensetzung kann das Betriebsergebnis massiv beeinflussen; deren Profile können sich schleichend verschlechtern und führen zu einem Sinken der Produktivität, die aufgefangen werden muss, bevor die Sozialfirma unkorrigierbar auf finanzielle Probleme zusteuert. Außerdem lohnt es sich, im Falle einer Lohnkostenrefinanzierung, wie wir sie kennen, monatlich zu kontrollieren, ob diese für alle Arbeitnehmenden weiterhin gewährleistet ist. Gerade bei Arbeitnehmenden aus dem Bereich der Sozialhilfe kann eine Lohnerhöhung rasch zu einer Ablösung von der

Sozialhilfe führen. Oft folgt daraus gleichzeitig ein Wegfall der Lohnkostenrefinanzierung durch die Sozialämter. Dieser Umstand ist besonders tückisch, weil die Sozialfirmen wie andere Arbeitgeber aus Gründen des Persönlichkeitsschutzes die Höhe der finanziellen Leistung, die ihre Belegschaft in Form von wirtschaftlicher Sozialhilfe erhält, nicht kennen und diese je nach Fall deutlich variieren kann. Dadurch kann es unbemerkt zu kalten Ablösungen kommen, die dann im Falle eines Wegfalls der Lohnkostenrefinanzierung die Finanzen empfindlich treffen können.

Zurzeit existieren keine verbindlichen Kennzahlen zur Messung des Ausmaßes der Marktorientierung einer Sozialfirma. Dies hängt nicht zuletzt damit zusammen, dass es zahlreiche unterschiedliche Zufinanzierungssysteme gibt, je nachdem, ob eine Sozialfirma Leute aus der Sozialhilfe, aus dem Invalidenbereich, aus der Arbeitslosenkasse oder aus verschiedenen Sozialversicherungen und der Sozialhilfe beschäftigt. Heute wird oft der Prozentanteil der Eigenfinanzierung oder des am Markt durch eigene Wertschöpfung erwirtschafteten Anteils als einzige Kennzahl verwendet. Diese Zahl allein wird der Realität jedoch nicht gerecht, da beispielsweise Sozialfirmen mit Angestellten aus dem Bereich der Arbeitslosenversicherung keine Löhne und Sozialfirmen aus dem IV-Bereich nur sehr geringe Löhne zahlen, da die Belegschaft sonst Gefahr läuft, den Anspruch auf die IV-Rente zu verlieren. Diese unterschiedlichen Systeme erfordern verschiedene Kennzahlen, die wenigstens ähnlich geartete Betriebe untereinander vergleichbar machen sollen. Wir haben im Laufe der letzten Jahre einige Kennzahlen entwickelt, die uns bei der Führung unserer Betriebe gute Dienste leisten. Im Folgenden sollen diese vorgestellt und eine Diskussion darüber angeregt werden, wie sich Sozialfirmen in Zukunft auch untereinander vergleichen sollen.

Kennzahl 1: Durch beeinträchtigte und nicht beeinträchtigte Arbeitnehmende geleistete Arbeitsstunden

Es ist sinnvoll, in Arbeitsintegrationsfirmen für Langzeitarbeitslose die Neueintretenden zuerst im Stundenlohn zu beschäftigen und diese Stunden genau zu zählen. Die Erhebung der gearbeiteten Stunden pro Kopf ist ein wichtiger Indikator für die tatsächliche Leistungsfähigkeit der Belegschaft, und ansteigende Stundenleistungen sind ein essentieller Hinweis auf eine steigende Leistungsfähigkeit. Eine in produktive und unproduktive Stunden aufgeteilte Stundenerfassung zeigt monatlich, wie produktiv die Belegschaft war, und aus dieser Zahl und der Anzahl der beschäftigten Arbeitnehmenden lässt sich leicht ablesen, wie belastbar und zuverlässig die Belegschaft ist und in welche Richtung sie sich entwickelt. Um diese Leistungsfähigkeit auch lohnmäßig gerecht abzubilden, empfiehlt es sich, in den unteren Leistungsstufen Anstellungsverhältnisse im Stundenlohn anzuwenden. Die Stundenerhebung muss über die gesamte Belegschaft hinweg geführt werden. Hierbei ist unbedingt zu beachten, dass die Stundenleistungen der langzeitarbeitslosen Belegschaft und diejenige des Fach- und Management-Teams klar voneinander getrennt erhoben werden; eine Mischung der Stundenleistungen verfälscht das Bild.

Kennzahl 2: Wertschöpfung am Markt pro geleistete Arbeitsstunde der langzeitarbeitslosen oder beeinträchtigten Arbeitnehmenden

Wenn wir die produktiven Arbeitsstunden unserer langzeitarbeitslosen Arbeitnehmenden kennen und wissen, wie viel Geld wir durch Aufträge für unsere Industrie- und Gewerbekunden fakturieren können, können wir daraus die zweite Kennzahl errechnen, nämlich die Wertschöpfung am Markt pro geleistete Arbeitsstunde der beeinträchtigten Arbeitnehmenden. Auch in diesem Zusammenhang ist eine klare Trennung zwischen den

Stunden der Arbeitnehmenden und denjenigen des Fach- und Management-Teams unabdingbar.

In unserem Fall lassen sich Wertschöpfung und Arbeitnehmerstunden einfach miteinander verrechnen, weil wir mit dem Fach- und Management-Team keine Wertschöpfung am Markt generieren. Dies ist jedoch nicht in allen Betrieben so. In Gewerbebetrieben, die sozialfirmenartig organisiert sind, wird oft nur ein Teil der Wertschöpfung durch die beeinträchtigte Belegschaft erbracht, andere Aufgaben, die für einen Teil der Wertschöpfung verantwortlich sind, werden durch Fachleute ausgeführt.

Diese Kennzahl lässt sich in vielen Sozialfirmen nicht direkt vergleichen mit der Produktivität eines Arbeitnehmenden im Ersten Arbeitsmarkt, weil im Zweiten in der Regel viel tiefere Erträge gelten. Im internen Vergleich zwischen verschiedenen Abteilungen derselben Sozialfirma oder im Vergleich zwischen mehreren Sozialfirmen, die in einem ähnlichen Markt operieren, kann sie jedoch einen Anhaltspunkt liefern über das Ausmaß der Marktausrichtung und über die Produktivität und Leistungsfähigkeit der Arbeitnehmenden.

Kennzahl 3: Wertschöpfung am Markt durch langzeitarbeitslose oder beeinträchtigte Arbeitnehmende

Heute wird oft die Wertschöpfung am Markt als einzige besondere Kennzahl von Sozialfirmen angegeben. Diese Zahl führt zu Missverständnissen, da oft auch Aufträge darin eingerechnet werden, die von Fachteam und Management für die öffentliche Hand erbracht werden, wie Abklärungen oder Beratungen. Die Wertschöpfung am Markt durch langzeitarbeitslose oder beeinträchtigte Arbeitnehmende sollte als gesonderte Kennzahl erhoben werden. Die Trennung in der Erhebung der Produktivität zwischen Arbeitnehmenden und dem Fachteam und Management hat den Vorteil, dass damit auch Lohndiskussionen auf ein vergleichbareres Niveau gehoben werden. Wenn die Wertschöpfung am Markt durch die Arbeitnehmenden beispielsweise im Durchschnitt 13 CHF (rund 8.50 EUR) pro Stunde beträgt und für Arbeitnehmende durchschnittlich ein Stundenlohn von 16 CHF (rund 10.50 EUR) bezahlt wird, kann dies für industriell ausgerichtete Sozialfirmen durchaus zu einem Richtwert werden, der auch für andere ähnliche Firmen Geltung haben kann.

Bei diesen Zahlen ist zu berücksichtigen, dass die Wertschöpfung massiv variieren kann, je nachdem, in welchem Bereich die Sozialfirma tätig ist. Gewerbliche Betriebe lassen eine deutlich höhere Wertschöpfung pro Stunde erwarten als Industriebetriebe, die sich an die Auflagen des Zweiten Arbeitsmarktes halten müssen.

Außerdem lässt sich nicht in allen Betrieben die Wertschöpfung der beeinträchtigten Belegschaft sauber von derjenigen des Fachteams und des Managements trennen. Gerade in gemischten Sozialfirmen, die gleichzeitig mit regulärem und beeinträchtigtem Personal an Kundenaufträgen oder Dienstleistungen arbeiten, kann diese Kennzahl nicht klar eruiert werden.

Kennzahl 4: Lohnaufwand beeinträchtigte Arbeitnehmende total

Es empfiehlt sich, in Lohnfragen transparent zu sein. Die effektiv durch die Sozialfirma ausbezahlten Arbeitgeberlohnkosten für die beeinträchtigte Belegschaft sind problemlos ausweisbar. Diese Zahl zusammen mit Kennzahl 1, also der durch die Arbeitnehmenden gearbeiteten Stunden, ergibt die Höhe des durchschnittlichen Stundenlohns der Sozialfirma. Idealerweise steigt diese Zahl in schlechten Zeiten langsam an und sinkt nach längeren Phasen guter Konjunktur. Die Unternehmensführung braucht diese Zahl, um den Lohnaufwand mit den Erträgen vergleichen und damit Anstellungen flexibel planen zu können.

Kennzahl 5: Mitarbeiterkosten und Anzahl Mitarbeiterinnen und Mitarbeiter

Eine weitere wichtige Kennzahl ist die Summe aller Lohnkosten für das Fachteam inklusive Management. Diese kann in Relation gesetzt werden zu den Lohnkosten der Arbeitnehmenden und zur durchschnittlichen Anzahl Arbeitnehmender. Damit lassen sich die Overheadkosten der verschiedenen Betriebe auch vergleichen. Wir gehen bei der Erhebung dieser Zahl davon aus, dass die Personaladministration und das Rechnungswesen intern gemacht werden.

Kennzahl 6: Mitarbeiterlohnkosten pro geleistete Arbeitnehmerstunde

Aus der Kennzahl 4 und der Kennzahl 1 kann die Kennzahl 6 errechnet werden. Die Eruierung der Mitarbeiterlohnkosten inklusive Overhead pro geleistete Arbeitnehmerstunde gibt Auskunft über die Kosten der Arbeitsintegration. In industriell ausgerichteten Sozialfirmen, die keine Betreuungsarbeit leisten, sollte diese Kennzahl deutlich unter 10 CHF (rund 6.60 EUR) pro Stunde liegen.

Diese Kennzahl ist aussagekräftiger als die am Markt erwirtschafteten Erträge in Bezug auf den Gesamtertrag. Es liegt in der Natur von Sozialfirmen, dass sie je nach Form der Sozialfirma variieren kann, sie ermöglicht jedoch Vergleiche innerhalb derselben Form. Die Kennzahl 6 illustriert, wie effektiv eine Sozialfirma geführt wird. Implizit drückt ein niedriger Wert auch aus, dass die Verantwortlichkeiten zwischen dem Fachteam und den Arbeitnehmenden so aufgeteilt sind, dass Letztere gut eingebunden sind. Versteckte Überbetreuungen werden durch die Zahl ebenfalls aufgedeckt.

Auch sozialpolitisch eignet sich diese Zahl zum Vergleich der verschiedenen Angebote. Da die Mitarbeiterlohnkosten über die öffentliche Hand oder über Sozialversicherungen bezahlt werden, muss es für die Auftraggeber von Arbeitsintegrationsmaßnahmen möglich sein, anhand dieser Kennzahl Vorgaben zu machen.

Kennzahl 7: Erträge von öffentlicher Hand oder Sozialversicherung pro gearbeitete Arbeitnehmerstunde

Die Erträge aus dem Sozialamt oder von auftraggebenden Sozialversicherungen können leicht umgelegt werden auf die tatsächlich gearbeiteten Stunden der beeinträchtigten Belegschaft. Auch diese Zahl kann für verschiedene Integrationsangebote erhoben werden; selbstverständlich gibt es auch hier Unterschiede, je nachdem, wie hoch der Betreuungsaufwand für die Arbeitnehmenden ist. Doch soll sich diese Kennzahl innerhalb von Sozialfirmen mit derselben Zielgruppe vergleichen lassen und einer sozialpolitischen Diskussion stellen dürfen. Wir haben in unseren Sozialfirmen die Erfahrung gemacht, dass es möglich ist, mit einem Ertrag des Sozialamtes von unter 20 CHF (rund 13.20 EUR) pro geleistete Arbeitnehmerstunde eine Sozialfirma über die Runden zu bringen.

Die hier besprochenen Kennzahlen vermögen nur einen ersten Anhaltspunkt über mögliche Vergleichbarkeiten zwischen verschiedenen Sozialfirmen zu geben. In Zukunft sollten sich jedoch mehr Sozialfirmen auf eine Kennzahlendiskussion einlassen, denn diese kann sozialpolitischen Diskussionen die emotionale Schärfe ein Stück weit nehmen. Kennzahlen sind Vorgaben, die unternehmerische Freiheit weiterhin gewährleisten, darum eignen sie sich auch besonders für die Führung von Sozialfirmen. Es wird in Zukunft politisch auszuhandeln sein, wie hoch diese Kennzahlen in einzelnen Bereichen sein können, und es ist wünschenswert, dass sich Sozialunternehmerinnen und Sozialunternehmer fundiert an dieser Diskussion beteiligen.

»Wer zu uns kommt, hat nichts mehr zu verlieren.«

Daniela Merz [DM]
Vorsitzende der Geschäftsleitung
der Dock Gruppe und Geschäftsführerin
der Stiftung für Arbeit St. Gallen

Sie leiten seit 2002 die Stiftung für Arbeit in St. Gallen, was hat sich seither verändert?

DM Es hat sich enorm viel verändert. Wir sind heute völlig anders organisiert und haben unser Wertegerüst stark umgestaltet, wir erhalten vollkommen andere Aufträge und sind massiv gewachsen. Heute umfasst die Stiftung für Arbeit vier Tochterfirmen in St. Gallen, Arbon, Zürich und Winterthur, und wir beschäftigen insgesamt über siebenhundert Personen, vor sieben Jahren waren es deutlich unter hundert.

Wie haben sich die Aufträge verändert?

DM Vor sieben Jahren hätten wir nicht im Traum daran geglaubt, dass es möglich ist, mit unserer Belegschaft so hohe Qualitätsanforderungen tatsächlich zu erfüllen.

Gibt es auch Dinge, die gleich geblieben sind?

DM Ja, wir haben uns die Bodenhaftung erhalten, und die Nähe zu den langzeitarbeitslosen Arbeitnehmenden ist uns sehr wichtig geblieben. Ebenso die Freundschaft innerhalb des Fachteams.

Warum sind Freundschaft und Zusammengehörigkeit für einen solchen Betrieb so wichtig?

DM Die Emotionalität im Fachteam muss stimmen, damit ich den Arbeitnehmenden mit mehr als nur Respekt und korrekter Führung begegnen kann. Wir müssen ohne interne Rivalitäten arbeiten können, sonst fehlt uns die Kapazität, um den Arbeitnehmenden das nötige Vertrauen und die erforderliche Aufmerksamkeit entgegenzubringen. Wir können es uns weder emotional noch zeitlich oder finanziell leisten, uns während der Arbeit mit uns selbst zu beschäftigen.

Sind diese Anforderungen nicht etwas hoch?

DM Das kann sein. Aber die Werthaltung einer Sozialfirma ist ihr wichtigstes Kapital. Wenn es uns nicht gelingt, unsere Belegschaft zu motivieren und ihnen wichtige Werte ehrlich vorzuleben, können wir die Qualitätsanforderungen des Marktes mit unseren Arbeitnehmenden nicht erfüllen. Dies bedeutet, dass wir in unserem Fachteam oder Management niemanden brauchen können, der zwar arbeitet, aber gleichzeitig um seinen Platz im Team kämpft. Alle müssen dasselbe wollen und möglichst viel Energie in die Arbeit mit den Arbeitnehmenden stecken. Diese Anforderungen müssen laufend überprüft werden, das ist oft sehr anstrengend.

Bedeutet dies, dass eine Arbeitsintegrationsfirma höhere Anforderungen an die Führung stellt als ein Unternehmen der freien Wirtschaft?

DM Ja. Wir brauchen all unsere Kraft, um zu führen. Eine gute Führung mit einem exzellenten Leadership und dem Mut, sich voll und ganz dieser Aufgabe zu verschreiben, ist in unserem Job unabdingbar. Das gilt nicht nur für mich, sondern für das ganze Team.

Weshalb ist das so?

DM Wir haben es in unseren Sozialfirmen mit Menschen zu tun, die wenig zu verlieren haben und die in ihrem Leben schon viele schlechte Erfahrungen machen mussten. Es braucht eine größere Anstrengung, um sie zu motivieren, uns zu vertrauen und wieder mehr in ihre Fähigkeiten zu investieren und ihre Kräfte zu mobilisieren. Damit dies gelingt, müssen wir auch die Vorbildrolle besonders konsequent leben.

Müssen Langzeitarbeitslose nicht eher betreut als geführt werden?

DM Betreuung ist wichtig in geschützten Werkstätten; in einer Sozialfirma hingegen darf man nicht betreuen, man muss führen. Ich glaube nicht, dass man beides kann, man muss sich entscheiden. Nur mit einer klaren persönlichen Führung kann man das Vertrauen der Arbeitnehmenden gewinnen.

Können Sie genauer erklären, wie das geht?

DM Der Schlüssel zu einer guten Führung ist die Schaffung von Vertrauen. Erst wenn es Ihnen gelingt, das Vertrauen der Leute zu gewinnen, können Sie die Leistungsbereitschaft der langzeitarbeitslosen Arbeitnehmenden steigern. So kommen Sie an das Potential der Leute heran.

Wir mussten bei uns zuerst eine vorurteilslose Zone schaffen, was mit sehr viel Arbeit verbunden war. Erfahrungsgemäß gibt es in allen Teams sehr viele blinde Flecken; wer mit Langzeitarbeitslosen arbeitet, ist längst nicht vorurteilsfrei. Das war bei uns nicht anders. Wenn man mir vor fünf Jahren prophezeit hätte, dass wir dereinst mit ausgesteuerten Langzeitarbeitslosen qualitativ anspruchsvolle Arbeiten ausführen werden und dies mit Nullfehlerquoten und trotz komplizierter Qualitätsanforderungen, die auch der Automobilindustrie genügen, hätte ich gesagt, das ist unmöglich.

Auch ich bin anfänglich davon ausgegangen, dass unsere Leute diese Arbeiten nicht in zufriedenstellender Qualität ausführen können. Heute weiß ich, dass es machbar ist; aber nur mittels einer konsequenten, immer wieder kritisch überprüften Werthaltung.

Was ist der wichtigste Managementgrundsatz?

DM Vertrauen. Ohne Vertrauen geht in einer Sozialfirma nichts. Sie können in diesem Umfeld nicht mit Druck und Drohungen führen. Wer zu uns kommt, hat nichts mehr zu verlieren und dementsprechend wenig Angst vor Sanktionen. Sie können auch nicht mit Argumenten allein überzeugen; der Weg führt tatsächlich übers Herz, auch wenn das etwas altmodisch klingt.

Unsere Aufgabe liegt darin, die Leute davon zu überzeugen, dass sie durch die Arbeit in unserem Betrieb viel gewinnen können. Vertrauen ist die Währung des Austausches zwischen uns und den Arbeitnehmenden. Wer das Vertrauen nicht verdient, muss mit Sanktionen rechnen und zwar auf beiden Seiten; ich kann niemanden im Mitarbeiterteam halten, dem es nicht gelingt, das Vertrauen der Arbeitnehmenden zu gewinnen.

Sie verfügen über Führungserfahrung in der freien Wirtschaft: Worin besteht der größte Unterschied zur Führung einer Sozialfirma?

DM In einer Sozialfirma muss man die Menschen ungleich näher und persönlicher führen, gerade weil viele herkömmliche Anreize nicht greifen. Das bedeutet auch, dass die Führung persönlich wesentlich aufwändiger ist und wir um die Arbeitnehmenden und ihr Engagement kämpfen müssen. Wer bei uns arbeitet, hat oft nichts außer uns. Das ist ein besonderer Umstand. Gelingt es, das Vertrauen zu gewinnen, dann kann man enorm viel bewirken. Wir haben die Erfahrung gemacht, dass unsere Grundsätze rasch übernommen werden; mittlerweile werden sie vom größten Teil der Belegschaft geteilt. Es ist nicht mehr so, dass nur wir führen; wir haben Hunderte von Leuten, die die Firma von ihrem Job aus entlang unserem Wertegerüst mitführen.

Ist diese Art von Führung nicht etwas verpönt im Sozialwesen?

DM Wir haben die Erfahrung gemacht, dass die meisten Arbeitnehmenden sehr dankbar sind für klare und offene Führung und unser Vertrauen mit enorm viel Loyalität, Engagement und Vertrauen in uns entschädigen.

Nach welchen Kriterien wählen Sie Ihre langzeitarbeitslose Belegschaft aus?

DM Wir wählen nicht aus, wir nehmen alle. (Lacht.) Im Ernst, wir glauben nicht daran, dass man anhand der Vorgeschichte, des Vorstellungsgesprächs oder komplizierter Assessmentverfahren beurteilen kann, ob jemand die Chance packt und sein Potential entfalten kann. Deshalb stellen wir grundsätzlich alle Bewerber an, die bei uns arbeiten wollen. Und wir haben damit sehr gute Erfahrungen gemacht.

Das heißt, Sie wissen jeweils nicht, wen Sie einstellen?

DM Wir wissen oft weniger als ein herkömmlicher Arbeitgeber, häufig ist uns nicht einmal der Lebenslauf bekannt. Wer eine Stelle in einer Sozialfirma antritt, soll das Recht haben, noch einmal von vorne anzufangen, ohne dass alle sein ganzes Vorleben kennen. Vertrauen bedeutet am Anfang nichts anderes als wirklich offen zu sein und an die Möglichkeit eines erfolgreichen Neubeginns zu glauben. Jeder soll eine Chance bekommen, wer sie im ersten Anlauf nicht packt, kann nach einer gewissen Zeit noch einmal ganz neu anfangen, ohne auf Vorbehalte zu stoßen.

Das heißt, Sie greifen auch zum Mittel der Kündigung?

DM Ja, sicher. Kündigungen kommen in unserer Sozialfirma sogar häufiger vor als im Ersten Arbeitsmarkt. Meist geschieht dies am Anfang, weil der Übergang von der Langzeitarbeitslosigkeit zu einer verbindlichen geregelten Tätigkeit vielen nicht leichtfällt. Dabei geht es auch darum, erfahrbar zu machen, was an einem Arbeitsplatz toleriert wird und was nicht. Bevor wir kündigen, reden wir wiederholt mit den Betroffenen und erklären, dass sie im Betrieb gebraucht werden. Wenn es dennoch zu einer Kündigung kommt, kann sich nach einigen Monaten jedermann wieder bei uns neu bewerben und für einen Neubeginn dieselbe Offenheit erwarten.

Können alle Leute integriert werden?

DM Integration bedeutet nicht nur, eine Stelle in der freien Wirtschaft zu ergattern, sondern in erster Linie wieder einen festen Platz und eine Aufgabe in der Gesellschaft zu finden. Integration gelingt auch, wenn es jemand wagt, bei uns wirklich anzukommen und sich auf seinen neuen Arbeitsplatz und seine Aufgabe einzulassen. Wir haben zahlreiche Arbeitnehmende, die sehr glücklich sind bei uns und gern für uns arbeiten, auch wenn ihnen vollkommen bewusst ist, dass sie kaum Chancen hätten im Ersten Arbeitsmarkt. Unsere Aufgabe ist es, für jeden einen Platz zu finden, an dem er seinen Beitrag leisten kann.

Arbeiten die Leute bei Ihnen unbefristet?

DM Ja, und das ist auch sinnvoll. Ich weiß nicht, weshalb die Annahme so weit verbreitet ist, dass im Rahmen der Arbeitsintegration eine Anstellung befristet sein muss. Integrationsbemühungen dürfen keinen im Voraus festgelegten, für alle gleichen Endpunkt haben, sonst haben sie wenig Aussicht auf Erfolg.

Wir sollten endlich akzeptieren, dass sich eine wachsende Anzahl Menschen in unserer Gesellschaft auch bei bester Konjunktur nicht mehr nachhaltig in die freie Wirtschaft integrieren lässt. Dementsprechend werden wir in den nächsten Jahren eine Antwort darauf geben müssen, wie wir als Gesellschaft mit solchen Menschen umzugehen gedenken. In der Schweiz ist die Sockelarbeitslosigkeit noch ein relativ junges Phänomen. Gerade deshalb hat die Schweiz jetzt die Chance zu entscheiden, wie das Problem optimal gehandhabt werden kann. Sozialfirmen können in dieser Frage eine erfolgversprechende Perspektive bieten.

Arbeitsintegration ist heute sehr teuer; sind Sozialfirmen politisch so spannend, weil sie billiger sind?

DM Die Tatsache, dass sie weitgehend kostenneutral sind, macht einen wichtigen Teil ihrer politischen Attraktivität aus. Kostenneutralität zu erreichen ist die größte unternehmerische und volkswirtschaftliche Herausforderung für die Sozialfirmen. Es wird für die Zukunft entscheidend sein, dass es uns gelingt, im größeren Stil möglichst kostenneutrale Arbeitsplätze zu schaffen für Menschen, die im Sinne unserer heutigen Leistungsgesellschaft nicht vollleistungsfähig sind.

Haben sich die Leistungsanforderungen in den letzten Jahren verändert?

DM Die Anforderungen der freien Wirtschaft an die Arbeitskräfte wurden in den letzten Jahren stark hochgeschraubt, und unsere Definition von Leistungsfähigkeit hat sich in eine völlig falsche Richtung bewegt. Wir können es uns aber nicht erlauben, eine Hochleistungsgesellschaft zu werden, die zehn oder zwanzig Prozent der Menschen schlicht links liegenlässt und sie mit tiefen Sozialhilfegeldern oder Renten abspeist. Wir müssen die Skala für Leistung gegen unten erweitern und die ersten Stufen der Integration tiefer ansetzen, damit auch diejenigen wieder Fuß fassen können, die den Schritt in den Ersten Arbeitsmarkt nicht mehr schaffen. Nur wenn wir diese Chance auch wirklich anbieten, können wir an die Eigenverantwortung der Langzeitarbeitslosen anknüpfen.

Ist es nicht heikel im Zusammenhang mit Langzeitarbeitslosen von Eigenverantwortung zu sprechen?

DM Nein, überhaupt nicht. Eigenverantwortung ist zentral, auch für Langzeitarbeitslose, die von Sozialhilfe leben. Sie müssen wieder lernen, so viel Eigenverantwortung zu übernehmen, wie sie können. Wenn wir mit ihnen über die miserablen Zustände jammern, helfen wir ihnen nicht. Es ist uns sehr wichtig, dass jemand wieder die Möglichkeit erhält, sich aus eigener Kraft hochzuarbeiten. Es ist unsere Aufgabe, genügend reelle Chancen für sie bereitzustellen, ergreifen müssen sie diese allerdings selbst.

Wir stehen mitten in einer Wirtschaftskrise, und die Arbeitslosenzahlen schnellen in die Höhe. Was bedeutet dies für die Führung einer Sozialfirma?

DM Diese Ausgangslage ist besonders heikel. Wir tragen mindestens so viel Risiko wie die freie Wirtschaft, auch wir können nicht auf eine Defizitgarantie zurückgreifen. Das ist übrigens auch richtig und gut so. Da wir als Sozialfirma auf dem Markt gewissen Einschränkungen unterliegen, sind wir jetzt besonders gefordert. Es wäre politisch heikel, wenn wir plötzlich Kurzarbeit anmelden würden, obschon wir durchaus das Recht dazu hätten.

Hat sich die Belegschaft seit dem Beginn der Krise verändert?

DM In der Zusammensetzung unserer Belegschaft spüren wir noch keine Veränderung. Da wir nur ausgesteuerte Langzeitarbeitslose beschäftigen, wird die Krise zeitverzögert zu einer Verbesserung der Profile unserer Arbeitnehmenden führen, da auch leistungsstärkere Arbeitnehmer keine Stelle mehr in der freien Wirtschaft finden können.

Hat die Krise Angst ausgelöst?

DM In der Belegschaft nicht! (Lacht.) Im Gegenteil: Die Stimmung der Arbeitnehmenden hat sich durch die vielen Krisenmeldungen in den Medien eher verbessert. Paradoxerweise ist fast eine Art Erleichterung zu spüren, auch wenn für viele die Chancen, bald eine Stelle zu finden, rapide gesunken sind.

Wie ist das zu erklären?

DM Arbeitslos zu sein bedeutet eine große Belastung. Die Krise schafft nun für viele neue Voraussetzungen: Der Druck, dass die Arbeitslosigkeit selbstverschuldet sein könnte, fällt ein Stück weit weg. Ich glaube, viele Arbeitslose sind in gewissem Sinne erleichtert, weil sie damit ihre Schuldgefühle loslassen können. In der Schweiz sind sie aber immer noch einem enorm hohen Druck ausgesetzt, obwohl allgemein bekannt sein müsste, dass Langzeitarbeitslosigkeit auch hierzulande ein strukturelles Problem ist.

Sie haben in der Schweiz im Rahmen der Stiftung für Arbeit eine modellhafte Sozialfirma aufgebaut, könnte ein solches Modell auch im Ausland umgesetzt werden, beispielsweise in Deutschland?

DM Wir haben dieses Buch geschrieben, weil wir hoffen, dass es im In- und Ausland noch mehr sozialunternehmerische Leute gibt, die sich durch unsere Ideen und Methoden anregen lassen, die die Herausforderung annehmen und versuchen, die Vision einer unternehmerischen Arbeitsintegration auch in ihrem Umfeld umzusetzen. Wir sind überzeugt, dass hier eine große Chance liegt im Hinblick auf eine faire Gesellschaft, die auch denjenigen Perspektiven bietet, die den hohen Anforderungen unserer Leistungsgesellschaft scheinbar nicht mehr genügen können.

Sie setzen dabei vor allem auf Sozialunternehmertum?

DM Ja, unternehmerisches Handeln kann im Bereich der Arbeitsintegration viel bewirken. In Zukunft wird es darum gehen, auch für Teilleistungsfähige genügend Arbeitsplätze zur Verfügung zu stellen. Unternehmerisch gesehen tun sich hier zahlreiche neue Möglichkeiten auf. Ich glaube daran, dass in diesem Zusammenhang die Wertschöpfung eine äußerst wichtige Rolle spielt. Es ist doch entscheidend, ob man wenigstens einen Teil des Lebensunterhalts durch eigene Arbeit erwirtschaften kann, oder ob man völlig von finanzieller Unterstützung abhängig ist. Gerade für Menschen mit einer intakten Arbeitsfähigkeit müssen Arbeitsplätze geschaffen werden, die ihre Entwicklung fördern. Auch sie sind in der Lage, Wertschöpfung zu bringen und auf reeller Grundlage zu ihrem Lebensunterhalt beizutragen.

»Wer sich aus eigener Kraft aus der Sozialhilfe herausarbeiten will, muss mehr Verantwortung übernehmen.«

Andreas Bächler [AB]
Geschäftsführer der Dock St. Gallen AG
Thomas Würz [TW]
Abteilungsleiter in der Dock Zürich AG
Marcel Giger [MG]
Abteilungsleiter in der Dock St. Gallen AG

Die Stiftung für Arbeit arbeitet mit einem sehr differenzierten Qualitätsmanagementsystem, das speziell auf die Bedürfnisse der Sozialfirma zugeschnitten wurde. Sind solche Systeme hilfreich im Alltag?

AB Ja und nein. Es ist sicher so, dass wir schon vor der Einführung des Qualitätsmanagementsystems qualitativ hochwertige Arbeit geleistet haben. Da unser Know-how jedoch nirgends aufgeschrieben wurde, sondern nur in unseren Köpfen vorhanden war, mussten wir unser Führungsmodell einmal klar und verbindlich zu Papier bringen. Unser Qualitätsmanagementsystem mit all seinen Instrumenten ist für uns wie der Programmiercode für das Betriebssystem unserer Firma; im Alltag arbeiten wir damit und das gibt uns Sicherheit. Am wichtigsten sind die Qualitätsmanagementinstrumente jedoch für unsere

Kunden. Wenn wir auf Kundenseite nicht dieselbe Qualität und Termintreue liefern können wie jeder andere Betrieb auch, haben wir keine Chance, den Betrieb auf Kurs zu halten.

Die Wichtigkeit der persönlichen Führung in der Sozialfirma wird immer wieder unterstrichen. Wie funktioniert das im Alltag?

TW Sicher nicht immer gemäß Führungshandbuch. (Lacht.) Im Ernst, ich bin überzeugt, dass wir in unseren Betrieben einfach eine klardefinierte und kommunizierte Kultur ganz überzeugt und offenbar überzeugend leben. Ich bin immer wieder überrascht, wie stark unsere Unternehmenskultur auch durch die Arbeitnehmenden vertreten wird.

MG Nicht nur vertreten, sondern auch verteidigt. Ich habe oft den Eindruck, dass ein großes Bedürfnis nach klaren Werten und Anstand besteht. Es ist mir bewusst, dass die meisten unserer Arbeitnehmenden aus sehr zerrütteten Lebensverhältnissen kommen, hier benehmen sich jedoch alle äußerst anständig. Neulinge werden oft von ihren Kollegen auf die geltenden Regeln aufmerksam gemacht.

Sie sprechen von Regeln und Anstand. Da klingt fast schon etwas Erzieherisches an.

AB Wir sind sicher kein Erziehungscamp. Wir versuchen bei uns Grundwerte vorzuleben. Für die Arbeitnehmenden soll es sich lohnen, sich dafür einzusetzen. Sie sollen selbst die Erfahrung machen, dass es sich mit unseren Regeln und Werten sehr gut leben und arbeiten lässt. Ich glaube, es gibt zwei Aspekte, die die Arbeit bei uns für Langzeitarbeitslose motivierend machen kann: Erstens können sie der Langeweile und der durch die Arbeitslosigkeit verursachten Einsamkeit zu Hause ein Stück weit entfliehen. Wenn es uns dann in einem zweiten Schritt auch noch gelingt, sie für unsere Aufgaben und Aufträge zu begeistern, dann haben wir erreicht, dass die Arbeit mit Herzblut erledigt wird. Dazu müssen die Arbeitnehmenden jedoch nicht erzogen werden; es geht vielmehr darum, ihre Eigenverantwortung wieder zu stärken.

Weshalb ist Eigenverantwortung so wichtig?

MG Weil dadurch die Leistung und der Stolz darauf gefördert wird. Im Alltag gehen wir jeweils am Anfang einfach davon aus, dass unser Vertrauen berechtigt ist, und machen damit sehr gute Erfahrungen. Wenn ich meinen Arbeitsplatz beispielsweise wegen einer Sitzung verlassen muss, darf ich ganz sicher sein, dass alle in derselben Qualität weiterarbeiten. Ich kann mich auf meine Arbeitnehmenden verlassen. Dies stärkt auch bei mir das Vertrauen, und ich kann ihnen schrittweise immer mehr Verantwortung übertragen.
TW Wenn sich jemand aus eigener Kraft wieder aus der Sozialhilfe herausarbeiten soll, muss er oder sie Eigenverantwortung übernehmen. Im Alltag bedeutet dies, dass Schritt für Schritt mehr Aufgaben wieder selbst übernommen werden; dieser Prozess beginnt mit der Wiederaufnahme einer geregelten Arbeit, führt über das Engagement für die Arbeit und Beförderungen bis hin zu einer Ablösung von der Sozialhilfe. Letztere führt dann auch dazu, dass die Steuern und die Krankenkasse wieder selbst bezahlt werden müssen und die soziale Unterstützung durch das Sozialamt in der Regel wegfällt.

Was genau geschieht, wenn jemand nach mehreren Jahren Arbeitslosigkeit bei Ihnen eine Stelle antritt?

AB Eigentlich unterscheidet sich das Prozedere nicht von demjenigen in herkömmlichen Unternehmen. Zuerst wird ein Arbeitsvertrag unterschrieben, dann zeigen wir den Arbeitnehmenden den Betrieb. Meist entdecken sie dabei schon das eine oder andere bekannte Gesicht in der Belegschaft. Und einmal pro Monat zahlen wir den Lohn für die geleistete Arbeit.

Wie wichtig ist der Lohn für die langzeitarbeitslosen Arbeitnehmenden?

TW Nach einer langen Zeit der Arbeitslosigkeit wieder einen Teil des Lebensunterhalts selbst zu verdienen ist enorm wichtig. Ich beobachte immer wieder, dass es oft sehr rasch geht, bis jemand buchstäblich auf die Ablösung vom Sozialamt hinarbeitet.

Ein weiteres Stichwort, das im Zusammenhang mit Ihrer Sozialfirma immer wieder genannt wird, ist Flexibilität. Kann man Flexibilität trainieren?

AB Nur, wenn es einen triftigen Grund dafür gibt. Flexibilität muss zur Notwendigkeit werden, dann wird sie automatisch trainiert. Als Trockenübung funktioniert das nicht. Wenn jedoch beispielsweise ein Kunde kurzfristig 10 000 zusätzliche Gussteile zur Nachbearbeitung in Auftrag gibt, müssen wir in ein anderes Dock ausweichen. Oft schicken wir dann erfahrene Arbeitnehmer mit dem Auftrag mit, um für einige Tage oder Wochen dort auszuhelfen. Dabei geht es um den Kundenauftrag, das Flexibilitätstraining ist ein Nebeneffekt; davon spricht niemand, aber es wirkt trotzdem.
TW Als weitere Möglichkeit steht uns der Personalausleih zur Verfügung. Das heißt, wir leihen unsere Arbeitnehmenden für eine begrenzte Zeit an Kunden aus. Dort können sie direkt Erfahrungen im Ersten Arbeitsmarkt sammeln, sie behalten aber die Sicherheit, dass sie jederzeit wieder zu uns zurückkommen können. Ein Einsatz im Personalausleih erfordert viel Flexibilität, auch diese wird durch solche Ausflüge in die freie Wirtschaft gefördert.

Weshalb ist Flexibilität so wichtig?

AB Wir beschäftigen zu über neunzig Prozent Arbeitskräfte ohne Berufsausbildung oder mit einem Beruf, den sie aus körperlichen oder psychischen Gründen nicht mehr ausüben können. Wenn wir sie wieder integrieren wollen – zuerst in unsere Sozialfirma und in einem zweiten Schritt in die freie Wirtschaft –, ist es unerlässlich, dass sie als Schlüsselqualifikationen Zuverlässigkeit und Flexibilität mitbringen. Diese beiden Qualitäten müssen wir bei uns fördern.

Arbeiten die Langzeitarbeitslosen gern bei Ihnen?

TW Am Anfang ist die Motivation sehr unterschiedlich. Viele ärgern sich auch lauthals über den niedrigen Lohn und das Essen in der Kantine. Wir hören dann meist erst einmal zu und warten ab. Einige kommen nicht damit klar, dass sie in einer Firma arbeiten, die fast nur Ausgesteuerte beschäftigt; sie fühlen sich gekränkt, weil sie früher vielleicht einmal recht gut verdient haben. Dementsprechend gering ist die Motivation. Ich kann das verstehen, aber diese Haltung hilft ihnen nicht weiter.

MG Meist geht diese Phase jedoch vorbei. Erfreulicherweise macht die Mehrheit von unserem Angebot Gebrauch und steigt in das Stufenmodell ein. Es braucht einfach oft etwas Zeit, bis sich jemand sagen kann: Ich habe im Moment nur diese Chance, also versuche ich darauf aufzubauen und werde sehen, was daraus wird.

AB Die meisten arbeiten sehr gern bei uns. Oft haben wir sogar das Problem, dass sich unsere besten ehemals langzeitarbeitslosen Mitarbeiter derart mit ihrer Arbeit im Betrieb identifizieren, dass sie auch dann nicht mehr gehen wollen, wenn sie ein Angebot aus der freien Wirtschaft haben.

Was geschieht in einem solchen Fall?

MG Natürlich muss er oder sie das Angebot annehmen. Wir haben die Erfahrung gemacht, dass dieser Schritt durch das Versprechen unsererseits erleichtert wird, dass jemand im Falle eines Scheiterns noch in der Probezeit seine Stelle bei uns wieder antreten kann. Ich kann mich allerdings nicht erinnern, dass jemand von diesem Angebot Gebrauch gemacht hat.

AB Wir haben aber immer wieder auch ehemalige Langzeitarbeitslose bei uns intern angestellt. Viele unserer Vorarbeiter haben als Langzeitarbeitslose angefangen. Der Betrieb profitiert außerordentlich von solchen Arbeitnehmenden, sie wirken auch in ihrer heutigen Position als ganz besondere Vorbilder.

Unternehmerische Arbeitsintegration – eine Herausforderung für die Zukunft

In den vergangenen 15 Jahren wurde in unzähligen Publikationen das Ende der Arbeitsgesellschaft herbeigeschrieben. Die Realität sieht aber anders aus: Noch ist zwar kein Ende der Arbeit in Sicht; doch die Arbeitslosenzahlen steigen immer wieder kräftig an, und auch in Ländern wie der Schweiz, wo Sockelarbeitslosigkeit ein relativ neues Phänomen ist, wächst die Zahl der Menschen, die längerfristig kaum mehr Chancen haben, eine Stelle in der freien Wirtschaft zu finden.

Zwischen den Stellenbesitzenden und den Stellenlosen tun sich Gräben auf, die von Jahr zu Jahr breiter und für viele unüberwindlicher werden. Zu Ersteren zu gehören, hat denn auch einen unverändert hohen Stellenwert in der Gesellschaft. Die Zahl derjenigen, die sich nach einem Arbeitsplatz sehnen, an dem sie ihre Fähigkeiten einbringen wollen und durch ihrer Hände Arbeit einen Mehrwert schaffen können, ist unverändert hoch.

Die Anforderungen der freien Wirtschaft an die Leistungsfähigkeit der Arbeitnehmer sind deutlich angestiegen. Allerdings ist Leistungsfähigkeit keine Konstante, die ein Leben lang unverändert bleibt: Eine Lebenskrise oder eine psychische oder körperliche Krankheit führen heute eher dazu, dass finanzielle Unterstützung nötig wird. Nicht alle, die heute gezwungen sind, sich ihren Lebensunterhalt gänzlich von der Sozialhilfe oder einer Sozialversicherung bezahlen zu lassen, werden auch in drei Jahren noch auf deren Beiträge angewiesen sein. Viele wären durchaus in der Lage und bereit, einen Teil ihres Auskommens durch eigene Arbeit zu erwirtschaften. Eine große Zahl von Menschen ohne Arbeit suchen nach Chancen und Möglichkeiten, zeigen zu können, was in ihnen steckt. Bislang fehlen dafür geeignete Arbeitsplätze weitgehend.

Heute liegen enorm viele menschliche Ressourcen und Fähigkeiten brach, was bei den Betroffenen das Gefühl auslöst, nicht mehr gebraucht zu werden und von der Gesellschaft in gewissem Sinne ausgeschlossen zu sein. Das muss nicht so sein. Es gibt auch viel brachliegende Arbeit, die sich für diese Zielgruppe hervorragend eignet. Um sie zu erschließen und daraus Arbeitsplätze zu schaffen, braucht es mehr Sozialunternehmerinnen und Sozialunternehmer und allgemein ein stärkeres volkswirtschaftliches Denken. Volkswirtschaftlich gesprochen tut sich ein Zweiter Arbeitsmarkt auf, der bislang ungenügend erschlossen wurde. An diesem Punkt setzt die sozialunternehmerische Herausforderung an. Auch Güter und Dienstleistungen, die durch Teilleistungsfähige produziert werden, haben einen Marktwert. Sozialfirmen übernehmen die wichtige Aufgabe, die Arbeitskraft ihrer Belegschaft so einzusetzen, dass damit eine reelle Wertschöpfung möglich ist, mit der Löhne bezahlt werden können, die ihrer Leistungsfähigkeit angepasst sind und mindestens einen Teil der Lebenshaltungskosten decken.

Sozialfirmen können jedoch nicht die gesamte bisherige Arbeitsintegration in Zukunft abdecken. Sie eignen sich besonders für Personen, die sich eine Leistungsfähigkeit von mindestens 30% oder mehr erhalten haben und über eine gewisse Stressbelastbarkeit verfügen. Viele Langzeitarbeitslose oder Schwerbehinderte erfüllen diese Kriterien nicht; für sie werden nach wie vor geschützte Werkstätten die sinnvollste Lösung sein. Arbeitsintegration soll generell nicht primär auf Zwang basieren. Für sehr leistungsschwache Menschen müssen auch Wege gesucht werden, die nichts mit Arbeit oder Beschäftigung zu tun haben.

Im Moment befinden wir uns in einer sozialunternehmerischen Gründerzeit. Viele Fragen der Zusammenarbeit zwischen den Institutionen beziehungsweise den Kommunen und den Sozialfirmen sind noch ungeklärt. Ebenso wenig klar definiert sind die Kriterien und Arbeitsfelder für den Zweiten Arbeitsmarkt. Es ist wichtig, dass im Bereich der Arbeitsintegration jetzt umfassende sozialunternehmerische Erfahrungen gesammelt und Lehren daraus gezogen werden.

Ein zweiter Schritt muss jedoch weitergehen. Durch die Praxiserfahrungen von Sozialfirmen müssen verbindliche Kennzahlen erarbeitet werden, um Firmen des Zweiten Arbeitsmarktes wirklich miteinander vergleichbar zu machen. Für den subventionierten Arbeitsmarkt, in dem sich Sozialfirmen bewegen, müssen verbindliche Kriterien für die Erschließung von Arbeit geschaffen werden. Es braucht sozialpolitische und volkswirtschaftliche Zielvorgaben für die Arbeitsintegration von Teil- und Vollleistungsfähigen, die über die einzelnen bisherigen Kostenträger hinweg verbindlich sind und die von den Verantwortlichen der Sozialfirmen auch tatsächlich befolgt und angestrebt werden können.

Generell braucht es mehr Offenheit aller Beteiligten und den Mut, die Arbeitsintegration unter dem Strich finanziell deutlich günstiger zu gestalten und die Aufgaben aller Beteiligten zu klären und zu straffen. Längerfristig wird es darum gehen, die Ausbildung von Sozialunternehmerinnen und Sozialunternehmern an die Hand zu nehmen und diese Firmenform breit zu verankern und zu etablieren.

Wir stehen noch am Anfang dieser Entwicklung. Unsere Erfahrungen zeigen, dass unternehmerische Arbeitsintegration ein enormes Potential aufweist. Damit könnte ein Teil der Probleme im Zusammenhang mit der Sockelarbeitslosigkeit nachhaltig, sozial und volkswirtschaftlich verträglich gelöst werden.

Anmerkungen

Marktwirtschaftlich geführte Sozialfirmen als Chance

1 Vgl. Salzgeber/Neukomm: Kennzahlenvergleich zur Sozialhilfe in Schweizer Städten. Berichtsjahr 2008

2 Sozialbericht 2009 des Bundesministeriums für Arbeit und Soziales, S. 18

3 Schweizerisches Bundesamt für Statistik: Die Sozialhilfestatistik – Resultate 2007, S. 6

Arbeitsintegration – eine unternehmerische Herausforderung

4 Als Ersten Arbeitsmarkt bezeichnet man alle Arbeitsplätze in der freien Wirtschaft und im öffentlichen Dienst beziehungsweise in der Verwaltung.

5 Nischenarbeitsplätze sind Arbeitsplätze, die nicht primär der Wertschöpfung eines Betriebes dienen, also zum Beispiel Betriebspost, Pförtnerdienst, Kopierservice und andere.

6 Ein Minijob ist eine geringfügige und oft auch kurzfristige Beschäftigung, deren Entlohnung circa 500 EUR nicht übersteigt.

7 Sozio-ökonomisches Panel (SOEP), 1. Halbjahr 2006

8 Schubert et al. (Hrsg.): Europäische Wohlfahrtssysteme. Ein Handbuch, S. 132

9 Alle Währungsumrechnungen basieren auf dem Interbank-Kassakurs vom 17.08.2009.

10 Bauer, et al.: Erben in der Schweiz – Eine sozioökonomische Analyse unter besonderer Berücksichtigung der Generationenbeziehungen. Zwischenergebnisse zum NFP 52, Januar 2005

11 Schweizerisches Bundesamt für Statistik: Gesamtrechnung der Sozialen Sicherheit 2007

12 Buri: IV-Statistik 2008, Tabellenteil, S. 3ff.

13 Die in diesem Abschnitt genannten Informationen stammen aus »The Social Situation in the European Union 2007«, Eurostat 2007, S. 16ff.

14 »Supported Employment« ist sicher kein Wundermittel; es ist jedoch nicht einzusehen, warum diese Methode bei bestimmten Zielgruppen nicht angewendet werden kann. Dies bedingt aber gute partnerschaftliche Beziehungen zwischen dem Staat beziehungsweise der vermittelnden Instanz und dem Betrieb, der solche Personen aufnehmen soll.

15 Drucker: Innovation and Entrepreneurship, S. 28

Vom Beschäftigungsprogramm zur Sozialfirma

16 Städteinitiative Sozialpolitik (Hrsg.): Sozialhilfe in Schweizer Städten im Spiegel des Arbeitsmarktes: Armut und Sozialhilfe im Spiegel des Arbeitsmarktes.

17 Buri: IV-Statistik 2008

18 Buri: IV-Statistik 2008, Tabellenteil

Führung einer Sozialfirma

19 Die Interkulturagenda kam dank den Geldern der Arcas Foundation zustande. Wir möchten der innovativen Stiftung auch an dieser Stelle für die Unterstützung herzlich danken.

Literaturverzeichnis

Achleitner, Ann-Kristin, et al. (Hrsg.): **Finanzierung von Sozialunternehmern** – Konzepte zur finanziellen Unterstützung von Social Entrepreneurs. Schäffer-Poeschel Verlag GmbH, Stuttgart 2007

Adam, Stefan M. (Hrsg.): **Die Sozialfirma – wirtschaftlich arbeiten und sozial handeln.** Haupt Verlag AG, Bern 2008

Aeppli, Daniel D., Ragni, Thomas: **Ist Erwerbsarbeit für Sozialhilfebezüger ein Privileg?** Seco Publikation Arbeitsmarktpolitik No. 28 (7.2009), Staatssekretariat für Wirtschaft, Bern 2009

Ames, Anne: **Hartz IV in Baden-Württemberg** (Kurzfassung) – Die Erfahrungen der Betroffenen mit der Umsetzung und den Auswirkungen des SGB II. Evangelische Akademie, Bad Boll 2008

Balthasar, Andreas: **Schweizerische Sozialhilfestatistik** – Unterstützung bei der Interpretation der Sozialhilfestatistik im Bereich Krankenkassenprämien und -verbilligung. Schweizerisches Bundesamt für Statistik, Neuchâtel 2007

Bauer, Tobias, et al.: **Erben in der Schweiz** – Eine sozioökonomische Analyse unter besonderer Berücksichtigung der Generationenbeziehungen. Büro für arbeits- und sozialpolitische Studien BASS AG, Bern 2006

Bentz, Dominik, et al.: **Sozialbericht Kanton Zürich 2006** – Ergebnisse der Schweizerischen Sozialhilfestatistik. Schweizerisches Bundesamt für Statistik, Neuchâtel 2007

BEST 3S e.V. (Hrsg.): **Handbuch für soziale Beschäftigungsunternehmen** – Betriebliche Strategien und betriebswirtschaftliche Instrumente für soziale Beschäftigungsunternehmen – Tools und Perspektiven. AG SPAK Bücher, Neu-Ulm 2007

Blattmann, Lynn, Meier, Irène: **Gegen das frauenspezifische Arbeits-Los:** Frauen, Arbeitsmarkt und Krise. eFeF Verlag, Zürich 1993

Bode, Ingo, et al.: **Work Integration – Social Enterprises in Germany,** The Socio-Economic Performance of Social Enterprises in the Field of Integration by Work. EMES European Research Network, Liège 2004

Bornstein, David: **Die Welt verändern – Social Entrepreneurs und die Kraft neuer Ideen.** Klett-Cotta GmbH, Stuttgart 2006

Bundesagentur für Arbeit (Hrsg.): **Arbeitsbeschaffungsmaßnahmen für Träger und Arbeitnehmer.** Bundesagentur für Arbeit, Nürnberg 2008

Bundesagentur für Arbeit (Hrsg.): **Förderung mit JobPerspektive** – Sozialgesetzbuch II: Beschäftigungszuschuss. Bundesagentur für Arbeit, Nürnberg 2008

Bundesministerium für Arbeit und Soziales (Hrsg.): **Sozialbericht 2009.** Bundesministerium für Arbeit und Soziales, Bonn 2009

Bundesrepublik Deutschland (Hrsg.): **Deutsches Sozialgesetzbuch (SGB)** – Artikel 1 des Vierten Gesetzes für moderne Dienstleistungen am Arbeitsmarkt vom 24. Dezember 2003, zuletzt geändert am 2. März 2009. Bundesrepublik Deutschland, Berlin 2003

Buri, Markus: **IV-Statistik 2008.** Bundesamt für Sozialversicherungen, Bern 2008

Buri, Markus, Sottas, Gabriel: **IV-Statistik 2008, Tabellenteil.** Bundesamt für Sozialversicherungen, Bern 2008

Drucker, Peter F.: **Innovation and Entrepreneurship.** Harper Business, New York 1995

Christen Jakob, Mariana, von Passavant, Christina (Hrsg.): **Corporate Social Responsibility – Impulse für kleine und mittlere Unternehmen.** Verlag Huber, Frauenfeld 2009

Fluder, Robert, et al.: **Quantifizierung der Übergänge zwischen den Systemen der Sozialen Sicherheit (IV, ALV,und Sozialhilfe).** Bundesamt für Sozialversicherungen, Bern 2009

Fromm, Sabine, Spross, Cornelia: **Die Aktivierung erwerbsfähiger Hilfeempfänger** – Programme, Teilnehmer, Effekte im internationalen Vergleich, IAB-Forschungsbericht, 01/2008. Institut für Arbeitsmarkt- und Berufsforschung der Bundesagentur für Arbeit, Nürnberg 2008

Guggisberg, Jürg, et al.: **Evaluation der Arbeitsvermittlung in der Invalidenversicherung** – Bericht im Rahmen des mehrjährigen Forschungsprogramms zu Invalidität und Behinderung (FoP-IV) – Forschungsbericht Nr. 2/08. Bundesamt für Sozialversicherungen, Bern 2008

Havekost, Folke: **Armutsindustrie auf Ein-Euro Basis.** www.neues-deutschland/de/artikel/152387.armutsindustrie-auf-ein-euro-basis.html, Informationszugriff am 17.07.2009

International Institute for Labour Studies (Hrsg.): **World of Work – Report 2008** – Income Inequalities in the Age of Financial Globalization. International Labour Organization, Geneva 2008

Jakob, Robert, et al. (Hrsg.): **Wege aus der Vertrauenskrise** – 18 Lösungsansätze für eine neue Wirtschaftskultur. Redline Wirtschaft im Verlag moderne Industrie, Frankfurt am Main 2003

Lellig, Christiane, et al.: **In 10 Schritten zu Teillohnstellen in privatwirtschaftlichen Unternehmen** – Arbeitshilfe für Vermittlungsstellen, Beiträge zur nachhaltigen Entwicklung Nr. 11/2008. Zürcher Hochschule für angewandte Wissenschaften (ZHAW) – Institut für Nachhaltige Entwicklung (INE), Winterthur 2008

Lorenz, André: **Von IBIZA, der Fachstelle Arbeitsintegration zum Zentrum Beratung.** Verein für SozialPsychiatrie Zürcher Oberland, Zürich 2008

Ott, Walter, et al.: **Finanzielle Nutzen und Wirksamkeit von Massnahmen zur Arbeitsintegration.** Schlussbericht Januar 2008. Soziale Dienste der Stadt Winterthur, Winterthur 2008

Pressestelle des Deutschen Landkreistages (Hrsg.): **Arbeitsintegration durch soziale Kompetenz** – Erfahrungen der Optionskommunen im Umgang mit komplizierten Vermittlungshemmnissen. Kommunen für Arbeit, Berlin 2008

Pressestelle des Deutschen Landkreistages (Hrsg.): **Arbeitsintegration durch wirtschaftliche Kompetenz** – Leistungen der Optionskommunen für Arbeitgeber. Kommunen für Arbeit, Berlin 2007

Rifkin, Jeremy: **Das Ende der Arbeit und ihre Zukunft.** Neue Konzepte für das 21. Jahrhundert. Campus, Frankfurt am Main 1995

Salzgeber, Renate, Neukomm, Sarah: **Kennzahlenvergleich zur Sozialhilfe in Schweizer Städten.** Berichtsjahr 2008. Fachhochschule Bern – Fachbereich Soziales, Bern 2009

Schmid, Günther: **Wege in eine neue Vollbeschäftigung** – Übergangsarbeitsmärkte und aktivierende Arbeitsmarktpolitik. Campus, Frankfurt am Main 2002

Schmid, Josef, et al.: **Arbeitsmarktpolitik.** In: Aus Politik und Zeitgeschichte. Wochenzeitung Das Parlament, Frankfurt am Main 27/2009

Schmidt, Hans, et al.: **Arbeitslos – was tun?** Jean Frey AG Beobachter Verlag, Zürich 2003

Schubert, Klaus, et al. (Hrsg.): **Europäische Wohlfahrtssysteme. Ein Handbuch.** VS Verlag für Sozialwissenschaften, Wiesbaden 2008

Schweizerisches Bundesamt für Statistik (Hrsg.): **Die schweizerische Sozialhilfestatistik 2005** – Nationale Resultate. Schweizerisches Bundesamt für Statistik, Neuchâtel 2007

Schweizerisches Bundesamt für Statistik (Hrsg.): **Die schweizerische Sozialhilfestatistik 2006** – Nationale Resultate. Schweizerisches Bundesamt für Statistik, Neuchâtel 2008

Schweizerisches Bundesamt für Statistik (Hrsg.): **Die Sozialhilfestatistik** – Resultate 2007. Schweizerisches Bundesamt für Statistik, Neuchâtel 2009

Schweizerisches Bundesamt für Statistik (Hrsg.): **Gesamtrechnung der Sozialen Sicherheit 2007.** Bundesamt für Statistik, Neuchâtel 2009

Schweizerisches Bundesamt für Statistik (Hrsg.): **Resultate der Sozialhilfestatistik für den Kanton St. Gallen.** Medienmitteilung vom 3. Mai 2006. Schweizerisches Bundesamt für Statistik, Neuchâtel 2006

Schweizerisches Bundesamt für Statistik (Hrsg.): **Sozialhilfequote hat sich stabilisiert.** Medienmitteilung vom 13. Mai 2008. Schweizerisches Bundesamt für Statistik, Neuchâtel 2008

Sennett, Richard: **Die Kultur des neuen Kapitalismus.** BvT Berliner Taschenbuch Verlags GmbH, Berlin 2007

Sprenger, Reinhard K.: **Vertrauen führt. Worauf es im Unternehmen wirklich ankommt.** Campus Verlag GmbH, Frankfurt am Main 2007

Stadler, Peter, Gredig, Christian (Hrsg.): **Die Entwicklung von Integrationsfirmen** – Ein Kompendium für Soziale Unternehmer/innen. FAF GmbH, Berlin 2005

Städteinitiative Sozialpolitik (Hrsg.): **Sozialhilfe in Schweizer Städten im Spiegel des Arbeitsmarktes: Armut und Sozialhilfe im Spiegel des Arbeitsmarktes.** Zehn Jahre Kennzahlenvergleich in Schweizer Städten 1999–2008. Sozialdirektion der Stadt Luzern, Luzern 2009

Stocker, Monika, et al.: **Neue Perspektiven in der Arbeitsintegration.** Plädoyer für eine andere Rentabilitätsrechnung. Edition Sozialpolitik Nr. 11. Sozialdepartement der Stadt Zürich, Zürich 2005

The Institute for Social Entrepreneurs (Hrsg.): **Evolution of the Social Enterprise Industry:** A Chronology of Key Events. The Institute for Social Entrepreneurs, Dallas (Texas) 2008

Vobruba, Georg: **Entkoppelung von Arbeit und Einkommen** – Das Grundeinkommen in der Arbeitsgesellschaft. 2., erweiterte Auflage. VS Verlag, Wiesbaden 2007

Dank

An der Entstehung eines Buches sind immer sehr viele Menschen beteiligt. Am Anfang stand die Idee der Verlegerin Anne Rüffer, die bei uns auf offene Ohren stieß. Dieses Plädoyer wäre aber nie geschrieben worden, wenn wir nicht auf die handfeste Unterstützung unserer Kolleginnen und Kollegen, auf das aufmunternde Verständnis unserer Arbeitnehmenden, den vertrauensvollen Goodwill des Verwaltungsrats und auf den finanziellen Beitrag der UBS Stiftung für Soziales und Bildung hätten zählen können.

Der Weg vom Manuskript zum Buch verlief ruhig und äußerst angenehm dank der ebenso professionellen wie sprachkompetenten Begleitung der Lektorin Andrea Keller. Katalin Deér, die als Künstlerin auf dem Areal des Sittertals arbeitet, hat uns ihre Bilder zum Einstieg und Ausklang des Buches geschenkt. Mit so viel Unterstützung fiel die Schreiberei richtig leicht. Den genannten und allen anderen Beteiligten möchten wir an dieser Stelle ganz herzlich für ihre Unterstützung danken.